Clefs / Économie

La politique du médicament

Jean-Philippe Buisson

Dominique Giorgi

Montchrestien

pour Alice et Laetitia,
Juliette et Matthieu.

DANGER
LE
PHOTOCOPILLAGE
TUE LE LIVRE

14, rue Pierre et Marie Curie, 75005 Paris
I.S.B.N. 2-7076-0758-4
I.S.S.N. 1159-2281

Sommaire

INTRODUCTION : LA NOTION DE MÉDICAMENT

Le médicament n'est pas un produit comme les autres. Les espoirs placés en lui s'adressent aux préoccupations humaines les plus secrètes, souffrances, qualité de vie, mort. L'importance du secteur industriel du médicament, l'étendue du travail de recherche nécessaire à la mise au point du médicament, les degrés de qualité et de sécurité exigés pour sa production, les responsabilités administratives multiples engagées (agrément de commercialisation...) et les moyens de solvabilisation des patients (assurances maladie) constituent cinq aspects majeurs du monde pharmaceutique. La ou plutôt les politiques du médicament — puisque le domaine est parmi les plus encadrés — qui forment l'objet du présent ouvrage, répondent à ses principaux enjeux industriels, sanitaires, économiques et sociaux. Elles sont en évolution rapide : le secteur du médicament est en pleine mutation.

Le présent chapitre illustrera la notion de médicament adoptée ici, en s'appuyant sur une définition aujourd'hui reconnue à l'échelle européenne :

« médicament : toute substance ou composition présentée comme possédant des propriétés curatives ou préventives à l'égard des maladies humaines ou animales [1] ; toute substance ou composition pouvant être administrée à l'homme ou à l'animal en vue d'établir un diagnostic médical ou de restaurer, corriger ou modifier des fonctions organiques chez l'homme ou l'animal ». [2]

Toute substance ou composition...

L'origine

Le médicament est tout d'abord fait d'une **substance**, dont l'origine peut être diverse.

---

[1] Le champ de cet ouvrage sera limité au médicament humain.

[2] Directive 65/65/CEE du Conseil de la Communauté Economique Européenne, en date du 26 janvier 1965, transposée en France par l'article L511 du Code de la Santé Publique (CSP).

— **Végétale**. L'essentiel des pharmacopées [3] recensées jusqu'au début du vingtième siècle comprenait principalement des produits d'origine végétale. L'ordonnance médicale connue la plus ancienne date de la civilisation des Sumériens (environ 2100 av. J.-C.). On y prescrivait la « graine de la plante de charpentier et la gomme-résine de markasi et de thym ». Plus tard, le Moyen-Age et la Renaissance verront proliférer en Europe, souvent au sein des abbayes, les potagers de « *simples* », c'est-à-dire les plantes jugées indispensables à la santé, et dès le XIVe siècle, la renommée des échoppes d'apothicaires s'appuiera sur la qualité et la diversité des plantes proposées servant à confectionner tisanes, baumes et sirops.

Au-delà de la phytothérapie, la pharmacopée actuelle est l'héritage de cette science des plantes qui a conduit au XIXe siècle à l'extraction et la purification de leurs **principes actifs**. Dès 1805, le chimiste allemand Sertürner isole le premier des alcaloïdes responsables des grandes propriétés de l'opium, la morphine ; en 1820, Pelletier et Cavandou isolent la quinine (antipaludéen) du quinquina.

— **Chimique**. Au XIXe siècle, parallèlement à l'extraction de principes actifs des plantes, se développent leur analyse chimique et la synthèse artificielle de molécules actives. Aujourd'hui, la très grande majorité des médicaments présents sur le marché recourt à des synthèses chimiques dont la maîtrise et le développement restent l'objet d'une concurrence industrielle intense.

— **Animale**. Le recours à l'animal (organes, sécrétions, toxines, produits dérivés du sang) est au moins aussi ancien que le recours aux plantes. Des préoccupations de sécurité virale conduisent cependant l'industrie pharmaceutique et les pouvoirs publics à s'affranchir autant que possible de l'origine animale, pour retrouver des synthèses des molécules actives chimiques ou issues des biotechnologies.

— La **biotechnologie** — utilisation de micro-organismes (végétaux comme animaux), de cultures cellulaires ou de fragments de tissus pour la fabrication de produits — a constitué une véritable révolution dans l'arsenal thérapeutique. Ainsi du développement des vaccins depuis Pasteur (vaccin contre la rage : 1885) et des antibiotiques depuis Fleming (1927) et Chain et Florey (1939). La biotechnologie est aujourd'hui un outil essentiel de production de nouveaux médicaments, qu'elle soit « traditionnelle » (fermentations, pratiquées pour la production d'antibio-

[3] *Pharmacopée : catalogue des médicaments à la disposition des médecins prescripteurs ; au sens normatif, recueil qui fixe les normes de qualité des substances utilisées dans la composition d'un médicament (art. R. 5001 et suivants du CSP).*

tiques, de certaines vitamines, etc.) ou — et c'est là où l'essor est spectaculaire — qu'elle s'appuie sur le **génie génétique** : des bactéries comme Escherichia coli voient leur code génétique altéré pour les conduire à produire hormones, peptides et protéines complexes.

— **Minérale**. Aux frontières de l'alchimie, de la magie et de la pharmacie, l'utilisation de salpêtre, de mercure ou de perles émaille l'histoire de la médecine. Les argiles sont toujours un excellent remède contre les aigreurs gastriques ; l'apport des sels d'or dans le traitement de la polyarthrite rhumatoïde a été démontré en 1961 ; le lithium reste un médicament essentiel dans certaines maladies psychiatriques, et certains oligo-éléments sont indispensables à notre métabolisme.

— **Humaine** : Le sang humain et les produits dérivés du sang, par exemple, sont des médicaments à part entière. Les produits stables dérivés du sang ont d'ailleurs été intégrés à la réglementation du médicament en France par la loi du 4 janvier 1993.

En regard de la substance, principe actif de base conférant les propriétés au médicament, se définit la **composition**. Un produit composé contient plusieurs substances de base. Pour les anciens, les substances actives gagnaient à être mélangées ; ils ambitionnaient de mettre au point le remède universel, la *panacée*. De là sont nées les *thériaques,* compositions rassemblant plusieurs dizaines de substances, qui ont traversé les âges.

La découverte

L'histoire abonde en découvertes fortuites des propriétés curatives de substances naturelles ou artificielles. L'industrie pharmaceutique a développé des comportements plus cartésiens (et d'un meilleur rendement !) pour mettre à jour de nouveaux principes actifs. Les principaux relèvent aujourd'hui de trois logiques :

— **l'« ethno-pharmacologie »**. La prospection, toujours d'actualité, de la nature et de ses ressources (faune, flore, milieux marins), l'étude des pratiques traditionnelles, puis l'extraction et l'analyse des principes supposés actifs, ont permis de constituer à peu près la moitié de la pharmacopée actuelle.

— Les outils de **chimie combinatoire** permettent de synthétiser par des moyens automatisés un très grand nombre de variantes dans une même famille de composés chimiques, puis de tester leur activité sur une bibliothèque de cibles biologiques (hormones, enzymes, récepteurs cellulaires...) jouant un rôle dans les maladies.

— **L'approche rationnelle**. La recherche des causes supposées d'une affection, l'amélioration de la compréhension du fonctionnement de la cellule, du rôle et des caractéristiques chimiques des récepteurs et des enzymes, permettent aux chercheurs de mettre au point de nouveaux médicaments parfaitement ciblés. En cardiologie, la découverte des beta-bloquants en 1959 et des inhibiteurs de l'enzyme de conversion en 1971 en est une illustration. Là encore, de nouveaux outils apportent une meilleure productivité de la recherche : le décryptage du génome permet de remonter à la source des pathologies et de définir les cibles thérapeutiques ; les outils de la biotechnologie ou la conception assistée par ordinateur de molécules, associée aux techniques de chimie combinatoire, donnent les armes pour mieux les atteindre.

La fabrication et la présentation

Jadis, les médicaments étaient préparés unitairement selon des prescriptions individuelles : à l'officine, **préparations magistrales** (sur prescription du médecin) ou **préparations officinales** (selon la pharmacopée), à l'hôpital, **préparations hospitalières**. De nos jours, un médicament se présente presque toujours sous la forme d'une **spécialité pharmaceutique** : médicament préparé à l'avance par un laboratoire pharmaceutique, mis sur le marché sous une dénomination et un conditionnement qui lui sont propres.

La fabrication industrielle d'une spécialité pharmaceutique comprend deux étapes essentielles. La première recouvre la préparation du principe actif, par extraction, biotechnologie et/ou synthèse chimique selon la nature de la substance. Puis l'étape de fabrication pharmaceutique le transforme en un produit fini, composé sous une **forme galénique** appropriée, conditionné pour la commercialisation. La **galénique** recouvre la composition et la forme du médicament. Après mélange du principe actif avec des adjuvants et des excipients, la formulation est façonnée en comprimé ou gélule, pommade, sirop, soluté injectable, etc., pour devenir un médicament. La forme galénique est adaptée aux caractéristiques du produit et à la voie d'administration retenue. Elle commande l'assimilation du médicament : efficacité immédiate, forme à libération prolongée ou différée, etc. La façon de donner compte presqu'autant que ce que l'on donne !

La molécule active possède généralement une désignation scientifique et une représentation graphique standardisées, souvent longues et compliquées. Pour faciliter l'appellation de la substance, existent des systèmes d'abréviations, dites **« dénominations communes internationales »** (DCI), le plus utilisé étant celui de l'Organisation Mondiale de la Santé (OMS). La DCI n'a pas le caractère d'une marque et désigne uniquement le principe actif. Lorsque celui-ci est conditionné sous une forme galénique bien déterminée, il peut alors prétendre à un **nom de marque**, propriété du fabricant responsable. Par exemple, l'acide éthyl phényl barbiturique a pour DCI phénobarbital, et a été commercialisé pour la première fois sous le nom de marque Gardénal®.

... *Présentée comme possédant des propriétés...*

L'existence d'une définition stricte du médicament se justifie par la nécessité d'assurer la sécurité du consommateur. Selon qu'il est compris ou non dans la définition, un produit peut être soumis à une réglementation contraignante. En premier lieu, la définition du médicament, ou plus précisément de la spécialité pharmaceutique, est étroitement liée à l'exigence d'une autorisation de mise sur le marché : aucune spécialité pharmaceutique ne peut être délivrée à titre gratuit ou onéreux si elle n'a reçu au préalable une **Autorisation de Mise sur le Marché** (AMM), qui suppose la démonstration de la qualité, de l'innocuité et de l'efficacité — ou plus exactement d'un rapport bénéfice/risque favorable — du médicament. La qualification de médicament crée également des contraintes du point de vue de l'encadrement réglementaire du produit et de sa commercialisation (le monopole pharmaceutique pour la vente des médicaments notamment).

Le champ de la définition donnée plus haut a de ce fait une importance considérable. Sa première partie — « on entend par médicament toute substance ou composition *présentée comme* possédant des propriétés curatives ou préventives » — introduit la notion de **médicament par présentation** : la revendication, l'allégation, voire la simple suggestion par le fabricant ou le vendeur de propriétés curatives ou préventives suffisent à qualifier un produit de médicament et donc à lui imposer son régime juridique. Cette première branche de la définition a notamment pour fonction d'éviter le charlatanisme.

Un second critère, alternatif, est ajouté par la deuxième partie de la définition : **le médicament par fonction**. Ce critère est basé sur les propriétés pharmacologiques du produit. Une substance qui possède des propriétés curatives ou préventives et qui pourtant n'est pas présentée comme un médicament, s'inscrit dans la définition et, partant, le régime juridique du médicament. Ce sont les cas des gaz médicaux, des tests de diagnostic in vivo ou, demain, des traitements de thérapie génique.

Mais des **problèmes de frontière** sont désormais posés : avec le développement des produits alimentaires « à allégation santé » et la mise en évidence des propriétés préventives ou curatives de certains régimes, il y a un continuum évident entre le médicament et l'aliment, de même que l'on peut relier la cosmétique aux traitements dermatologiques. Prise à la lettre, la définition de médicament par fonction peut s'appliquer aux aliments ou à la cosmétique, bien qu'une activité thérapeutique ne soit pas toujours aisément démontrable pour ces produits. Les compléments alimentaires (vitamines, protéines nutritives, plantes...) constituent encore davantage des produits-frontière [4].

Autre cas de controverses, l'homéopathie [5], bien que son efficacité n'ait pas encore été scientifiquement démontrée selon les critères de l'allopathie, est considérée comme un traitement médicamenteux par la directive européenne du 22 septembre 1992.

En définitive, il appartient aux tribunaux nationaux et à la Cour de Justice des Communautés Européennes [6] de tracer une frontière autour du médicament, en tenant compte de définitions introduites par d'autres directives communautaires (cosmétiques, denrées alimentaires, eaux minérales, dispositifs médicaux...). Au vu de l'objectif de protection de la santé publique, cette dernière a résolument affirmé que le droit du médicament devait primer sur celui des produits périphériques, en cas de recouvrement.

Les thérapies géniques

La thérapie génique désigne l'ensemble des procédés visant à introduire in vivo ou ex vivo un gène correcteur dans une cellule malade. Plusieurs étapes sont nécessaires : l'identification et le séquençage du gène impliqué dans la pathologie visée, puis le traitement des cellules après prélèvement (« ex vivo », on parle alors aussi de thérapie cellulaire) ou au sein de l'organisme (« in vivo »). La thérapie génique reste encore aujourd'hui du domaine expérimental. Un grand nombre de laboratoires publics ou privés, de PME de biotechnologies, tentent malgré tout l'aventure.

Alors qu'ils reposaient sur des manipulations sensibles aux yeux du grand public, ces nouveaux traitements n'ont été spécifiquement réglementés qu'en 1996 en France, par une loi qui introduit les termes de « produits biologiques à effet thérapeutique ». Pour l'essentiel, c'est le droit du médicament qui s'appliquera.

[4] *Arrêt de la Cour de Cassation de décembre 1988 (affaire Leclerc contre Ministère Public, Ordre national des pharmacien et Fédération des pharmaciens) : la Vitamine C 500 mg est considérée comme un médicament au motif notamment qu'une absorption massive par des personnes non informées pouvait entraîner des risques d'hypervitaminose. Rapports d'expertise de l'arrêt de la cour d'appel de Versailles du 22 janvier 1996 (affaire Carrefour contre Conseil national de l'ordre des pharmaciens, Chambre syndicale des pharmaciens du Maine et Loire, et autres) : en deçà d'un seuil de 100 à 150 mg/jour, la vitamine C reste du domaine nutritionnel.*

[5] *Méthode thérapeutique codifiée par Hahnemann qui consiste à utiliser à doses infinitésimales des substances qui, à doses élevées, provoquent des effets semblables à ceux de la maladie à traiter.*

[6] *Arrêts CJCE Van Bennekom du 30 novembre 1983, Upjohn du 16 avril 1991 et Ter Voort du 27 novembre 1992 notamment.*

... Des propriétés curatives ou préventives...

Pour être commercialisé, le produit candidat doit avoir apporté les éléments probants de son **efficacité**, de sa **qualité** et de son **innocuité** relative. Il faut en outre que le **rapport bénéfice/risque** du médicament soit régulièrement revu et reste favorable. Les étapes de recherche et développement (R&D) préalables à l'obtention d'une AMM sont, classiquement, les suivantes :

▪ **la recherche fondamentale** permet d'aboutir à un petit lot de « candidats-médicaments » pour une indication thérapeutique définie.

▪ **Les études pré-cliniques** (1 à 3 ans de travail) interviennent avant la première administration du candidat-médicament chez l'homme :

→ La nouvelle substance ou composition doit pouvoir être produite en quantité et qualité suffisantes pour mener les essais. Elle doit pouvoir être caractérisée et dosée dans les principaux milieux biologiques.

→ Le dossier de pharmacologie (mécanisme d'action, cinétique, etc., du médicament) doit être élaboré.

→ Des essais biologiques sont alors conduits in vitro (cultures cellulaires, tissus...) et chez l'animal.

→ La galénique doit être arrêtée et la stabilité du produit démontrée sur plusieurs mois.

▪ **Les études cliniques (chez l'homme)** peuvent alors débuter selon trois phases :

→ **Phase I** (durée moyenne 1 an) : détermination de la dose tolérée, et du schéma d'administration, par étude sur un petit nombre de volontaires sains, indemnisés, en milieu hospitalier.

→ **Phase II** (durée moyenne 1 à 2 ans) : administration du produit sur un petit groupe de malades traités en milieu hospitalier. L'étude est menée contre placebo [7] pour juger de l'effet thérapeutique potentiel, définir les posologies qui seront utilisées en phase III, et détecter les effets secondaires principaux.

→ **Phase III** (durée moyenne 3 ans) : passage à des administrations prolongées durant plusieurs mois, chez un nombre important de malades (plusieurs centaines, voire milliers) répartis dans de nombreux centres hospitaliers (sur plusieurs pays, si le laboratoire ambitionne une commercialisation mondiale), pour mesurer la sécurité normale d'emploi, l'efficacité et comparer le nouveau médicament avec les thérapeutiques de référence ou un placebo.

---

[7] *Placebo : substance neutre que l'on substitue à un médicament pour contrôler et susciter les effets psychologiques accompagnant la médication (dict. Robert).*

Le candidat-médicament peut alors être présenté aux autorités qui décideront, au vu des éléments du dossier, de l'octroi d'une AMM. De six mois à deux ans de procédures administratives sont nécessaires.

L'intérêt de la recherche pharmaceutique est d'éliminer le plus tôt possible les mauvais candidats-médicaments : effets secondaires imprévus, manque d'efficacité contre placebo ou contre produit de référence, instabilité du produit. En moyenne, seule une molécule sur plus de 1 000 sort du long « entonnoir » de la R&D avec une AMM.

Par la suite, le médicament peut faire l'objet d'essais complémentaires (**phase IV**) pour étudier les prescriptions chez les malades dans les conditions d'utilisation réelles, les extensions d'AMM possibles, les comparaisons coût/efficacité... A tout moment, peuvent intervenir des accidents, des variations d'efficacité, des effets secondaires imprévus, qui conduiront les autorités à modifier, voire retirer l'AMM. A l'inverse, la découverte de nouveaux effets thérapeutiques est possible.

... A l'égard des maladies humaines...

 Les progrès de la médecine en général, et de la pharmacie en particulier, ont notablement contribué à l'accroissement de la longévité humaine, aux côtés d'une amélioration considérable de l'hygiène et de l'alimentation. Le médicament a également permis un progrès sensible de la qualité de la vie : lutte contre la douleur, traitement de pathologies bénignes mais invalidantes, report de l'acte chirurgical, suppressions d'effets secondaires d'autres traitements plus lourds.

Les perspectives du marché pharmaceutique semblent *a priori* excellentes. Plusieurs facteurs y contribuent.

■ Le **vieillissement de la population** dans les pays riches génère des besoins de santé : prévalence [8] croissante de maladies fréquentes à un âge avancé (cancer de la prostate chez l'homme, ostéoporose chez la femme, maladies neurodégénératives...). Mais surtout, **les générations successives consomment de plus en plus de biens de santé** (cf. p. 67).

■ **De nombreuses pathologies graves sont encore mal ou non soignées.** Si les maladies cardio-vasculaires, métaboliques ou psychiatriques ont connu durant ces dernières décennies de nouveaux traitement très efficaces, la médecine reste encore largement démunie

---

[8] *Prévalence : nombre de cas d'une maladie enregistré dans une population déterminée, et englobant aussi bien les cas nouveaux que les anciens (dict. Robert).*

devant les formes les plus graves du cancer, le Sida, les maladies virales, les maladies neuro-dégénératives, ou la plupart des maladies génétiques par exemple. Longtemps tenues pour vaincues par la performance des antibiotiques, les maladies infectieuses connaissent une inquiétante recrudescence.

Les causes de décès dans le Monde en 1993

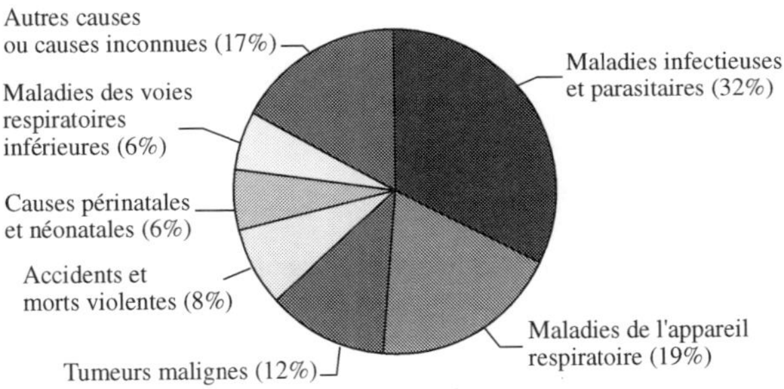

Source : OMS

Chaque année, la recherche pharmaceutique suscite espoirs et déceptions. Du côté des échecs récents : le vaccin contre la malaria, l'efficacité thérapeutique encore limitée des nouveaux traitements de l'hépatite C, l'abandon de nombreux projets de développement de médicaments issus du génie génétique... A l'inverse, les nouveaux traitements du SIDA, de la sclérose en plaque, de l'ulcère ou l'application des thérapies géniques à certaines formes de cancer ou de maladies génétiques suscitent de réels espoirs pour demain.

▪ Sous la **pression continue de l'offre** en médicaments nouveaux, la demande croît inexorablement. Mais l'offre n'est pas uniquement thérapeutique, elle est aussi commerciale. La multiplication de traitements finalement souvent comparables sur les pathologies de forte prévalence (asthme, infections hivernales, ulcère, dépression...) entraîne une pression commerciale sur le médecin prescripteur et sur le patient, génératrice de consommations parfois peu justifiées. La progression rapide du nombre de médecins dans les pays industrialisés a également contribué à la croissance de la prescription.

■ Dans les pays développés, la demande de santé est fortement **solvabilisée** par les systèmes d'assurance maladie ; de manière générale, **le besoin de santé croît avec le développement**.

Tout ceci pourrait laisser présager de très fortes croissances pour la consommation pharmaceutique, **mais cette analyse doit être sérieusement tempérée**.

■ L'état sanitaire dans les pays du Tiers Monde est affligeant. **Or, guère plus de 15 % de la population mondiale cumulent 80 % de la consommation pharmaceutique.** La répartition du marché en valeur par grandes classes thérapeutiques est d'ailleurs révélatrice du poids économiques des maladies de populations « riches » : anti-ulcéreux, psychotropes, médicaments du système cardio-vasculaire, etc., à côté tout de même de la prédominance des antibiotiques.

Marché mondial du médicament en 1995
(montant total 283 milliards de $)

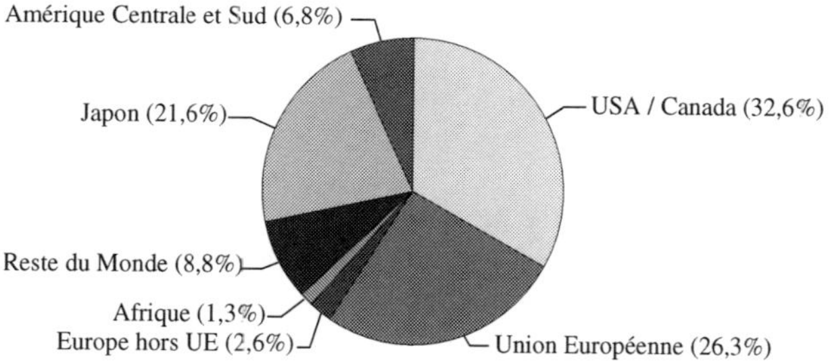

Source : IMS, cité dans SNIP-IPSR 1996

■ Les pays développés eux-mêmes affrontent les **difficultés financières de leurs systèmes de sécurité sociale**, et mettent en œuvre des plans d'équilibrage de leurs assurances maladie.

■ Le **renchérissement des coûts de la recherche, et surtout du développement du médicament,** les contraintes économiques pesant sur la demande et donc sur la rémunération des firmes pharmaceutiques conduisent à une restructuration en profondeur du tissu industriel. La concentration des moyens d'une recherche innovante sur un nombre toujours plus réduit de grandes entreprises risque d'entrainer à terme un déficit possible en nouvelles découvertes, toutefois plus rapidement mondialisées.

Principales classes thérapeutiques du marché pharmaceutique mondial en 1995
(source IMS/SNIP)
En % du marché mondial en valeur.

Anti-ulcéreux	5,3 %
Inhibiteurs calciques (cardio-vasculaire)	3,8 %
Céphalosporines (antibiotiques)*	3,7 %
IEC (cardio-vasculaire)	2,8 %
Analgésiques non narcotiques	2,8 %
hypocholestérolémiants	2,7 %
Anti-inflammatoires non stéroïdiens	2,6 %
Anti-dépresseurs	2,3 %
Pénicillines à large spectre (antibiotiques)*	1,7 %
Fluoroquinolones (antibiotiques)*	1,4 %
Vasodilatateurs (cardio-vasculaire)	1,4 %
Macrolides (antibiotiques)*	1,4 %
Bêta-bloquants (cardio-vasculaire)	1,3 %
Contraceptifs	1,2 %
Baumes révulsifs	1,1 %
Total des 15 premières classes	35,5 %

(* En totalisant les différentes sous-classes, on peut estimer que la famille des antibiotiques prédomine au niveau mondial : un peu plus de 10 % du marché mondial en valeur)

LES POLITIQUES DE QUALITÉ ET DE SÉCURITÉ SANITAIRE DU MÉDICAMENT

La sécurité sanitaire est sans doute, après la sécurité sociale, la dernière grande mission, désormais quasi régalienne, assignée à l'Etat. Ce n'est en effet que très progressivement au cours du vingtième siècle, souvent après de graves épidémies ou drames sanitaires, que les pouvoirs publics mettent en œuvre de véritables politiques de santé publique. En termes plus philosophiques, celles-ci sont clairement révélatrices des préoccupations de sécurité que manifestent les sociétés contemporaines.

La sécurité sanitaire est « la sécurité des personnes contre les risques thérapeutiques de toute nature, risques liés aux choix thérapeutiques, aux actes de prévention, de diagnostic ou de soins, à l'usage des biens et produits de santé, comme aux interventions et décisions des autorités sanitaires » [1]. Elle a pour objectif de réduire les risques iatrogènes [2], les accidents et incidents liés aux traitements, aux actes de diagnostic, et concourt évidemment à la protection de la santé publique.

La notion de sécurité sanitaire trouve bien sûr une application privilégiée dans le secteur pharmaceutique. Tous les pays développés ont en effet mis en place des politiques d'assurance et de contrôle de la qualité à chacune des étapes de la mise au point, de la fabrication, de la commercialisation et de l'utilisation du médicament.

En France, de manière embryonnaire dès le XIVe siècle mais surtout au XIXe siècle, des réglementations de la fabrication et de la mise sur le marché des médicaments préparés à l'avance furent élaborées. La loi du 21 germinal an XI (11 avril 1803) conduisit à la création d'un Codex national, plus tard appelé Pharmacopée, pour assurer et normaliser la qualité des médicaments. La loi du 1er août 1905, première réglementation d'ensemble punissant la fraude sur le médicament, fut enrichie en 1926 par une possibilité facultative d'enregistrement des spécialités pharmaceutiques, après vérification de leur conformité à une formule (composition) déposée. Enfin, la loi du 11 septembre 1941 institua le « visa » préalable à la mise sur le marché, validant la conformité à la formule, l'innocuité et le caractère de nouveauté. Le visa donnait en outre un monopole d'exploitation de 6 ans pour les produits nouveaux.

---

[1] *D. Tabuteau,* La sécurité sanitaire, *éd. Berger Levrault 1995.*

[2] *Iatrogène : provoqué par l'action du médecin (par sa prescription notamment).*

Dans les années cinquante, des accidents sanitaires graves conduisirent la France à durcir sa réglementation par l'ordonnance du 4 février 1959 [3]. Les exigences requises pour la mise sur le marché furent accrues. D'autre part, la protection de l'inventeur fut assurée par un dispositif distinct, le « Brevet Spécial de Médicament ». Cette nouvelle législation inspira l'élaboration de la directive européenne du 26 janvier 1965, instituant l'Autorisation de Mise sur le Marché. Dès lors, l'effet d'entraînement et d'harmonisation de la législation communautaire devait être dominant.

Les Etats-Unis furent toutefois les premiers, après quelques drames sanitaires, à adopter un « Federal Food, Drug & Cosmetic Act » (1938), imposant la sécurité et l'innocuité des médicaments (mais non encore leur efficacité), via une procédure de « New Drug Application » (NDA) gérée à partir de 1940 par une « Food & Drug Administration » (FDA). Dans le contexte de la tragédie de la Thalidomide, l'amendement Kefauver — Harris de 1962 renforça les exigences de cette procédure au plan de la sécurité et de l'efficacité.

Les outils du contrôle de la qualité

 Pour assurer leur mission de contrôle de la qualité et de la sécurité du médicament, les états doivent se doter d'outils efficaces. Les Etats-Unis font figure de modèle en la matière. Les contrôles de la FDA, instance déterminante de la filière sanitaire du médicament [4] aux USA, sont toujours réputés pour leur sévérité (mais aussi pour leur bureaucratie), y compris hors des frontières américaines.

En France, un Service Central de la Pharmacie a été créé en 1942. La formation de la Direction de la Pharmacie et du Médicament [5] (DPHM) en 1977 correspond à un effort significatif d'adaptation aux exigences de la sécurité sanitaire, accompagné de la création d'un système cohérent de pharmacovigilance (cf. p. 31). Se substituant à la DPHM, l'Agence du Médicament a été créée (loi du 4 janvier 1993), établissement public mieux adapté à l'objectif de sécurité sanitaire dans le secteur pharmaceutique. Les compétences relatives à l'exercice de la profession de pharmacien, à la distribution de médicaments et à la parapharmacie ont été

---

[3] *Plus tard, le drame du talc pour nourrissons Morange aura le même effet sur la réglementation des cosmétiques.*

[4] *Mais la FDA n'est pas compétente sur les domaines de l'économie du médicament et du contrôle de la prescription.*

[5] *Administration du ministère chargé de la santé et des affaires sociales.*

confiées à la Direction Générale de la Santé [6] et les questions économiques (admission au remboursement, prix, rémunération des professions...) à la Direction de la Sécurité Sociale [6].

L'Agence française du Médicament

Les motivations de la création de l'Agence sont : « garantir l'indépendance, la compétence scientifique et l'efficacité administrative des études et des contrôles relatifs à la fabrication, aux essais, aux propriétés thérapeutiques et à l'usage des médicaments, en vue d'assurer, au meilleur coût, la santé et la sécurité de la population et de contribuer au développement des activités industrielles et de recherches pharmaceutiques » (article L567-1 du Code de la Santé Publique — CSP).

Les missions de l'Agence (article L567-2 CSP), précisées au niveau réglementaire, peuvent être regroupées autour de trois fonctions essentielles.

■ **La police sanitaire** est la mission principale de l'Agence et comprend plusieurs aspects : l'élaboration de normes sanitaires (Pharmacopée, bonnes pratiques de laboratoire, de fabrication...) ; la vigilance sanitaire ; la police des produits (AMM, certificats d'exportation, prélèvements et contrôles d'échantillons,...) et des établissements (autorisations d'ouverture, de modification et de fermeture, contrôles et inspections). Le directeur général de l'Agence exerce la fonction de police au nom de l'Etat (art L567-4 CSP), même si le ministre chargé de la santé dispose d'un pouvoir d'opposition à ses décisions en cas « de menace grave pour la santé publique ».

■ **Le bon usage du médicament** : l'Agence et les commissions qui lui sont attachées jouent un rôle essentiel (par des avis aux ministres compétents ou par des initiatives propres) dans l'information sur le médicament, l'évaluation pharmaco-économique, les études et la recherche sur le bon usage du médicament.

■ **Le développement des activités industrielles et de recherche** est une mission globale d'assistance aux entreprise, pour l'instant mal délimitée.

L'Agence du Médicament, basée à Saint-Denis (93), atteint sa maturité : 530 employés, 332 MF de budget en 1996, les ressources des laboratoires de contrôle de Lyon, Montpellier et Saint-Denis, plus de 10 commissions représentant 300 membres et plus d'un milliers de rapporteurs concourent à la prise de près de 40 000 décisions annuelles [7].

---

[6] *Administration du ministère chargé de la santé et des affaires sociales.*
[7] Source *rapports d'activité de l'Agence du Médicament.*

Une spécificité française, le pharmacien responsable

La présence d'un pharmacien responsable est obligatoire dans chaque entreprise qui comporte au moins un établissement pharmaceutique (article L596 CSP). Il doit en être soit le propriétaire, soit le gérant, soit siéger à sa direction générale. Il doit posséder un diplôme de pharmacien et une certaine expérience, remplir personnellement son rôle. Il porte la responsabilité du respect des dispositions du CSP au sein de son entreprise. Cette responsabilité s'étend au fonctionnement de l'établissement, au processus de fabrication ou de distribution, à l'élaboration du programme de R&D et au contrôle des essais, à l'agrément des demandes d'AMM, d'exportation ou d'importation, à la pharmacovigilance, veille sanitaire et au sérieux de la promotion et de la commercialisation.

La notion de pharmacien responsable est propre à la législation française mais plusieurs pays ont mis en place des réglementations techniques de l'activité pharmaceutique pouvant exiger la présence de « personnes qualifiées ».

Le nouveau contexte européen

L'Agence du Médicament française doit désormais relever le défi de la compétition européenne. L'Union Européenne s'est en effet dotée d'un dispositif d'évaluation du médicament (humain et vétérinaire) appuyé sur une **Agence Européenne pour l'Evaluation des Médicaments** [8] (règlement du 22 juillet 1993), **une procédure d'évaluation et d'AMM unique** valable sur tout le territoire communautaire, dite **« centralisée »**, réservée aux médicaments innovants, et **une procédure de reconnaissance mutuelle des AMM nationales, dite « décentralisée »** (cf. p. 30).

S'appuyant sur un large réseau d'experts nationaux, et disposant du Comité des Spécialités Pharmaceutiques, responsable de la préparation des avis scientifiques, l'Agence Européenne gère les procédures européennes d'AMM. Elle doit par ailleurs, à terme, renforcer le contrôle des médicaments existants en coordonnant les activités nationales de pharmacovigilance et d'inspection, fournir au Etats-Membres comme aux entreprises un avis scientifique du meilleur niveau possible, et diffuser des informations auprès des professionnels de santé et du public.

Les agences ou administrations nationales en charge du médicament deviennent en quelque sorte concurrentes pour l'instruction d'une demande dans le cadre de la procédure centralisée d'évaluation (un pays rapporteur et un pays co-rapporteur sont désignés par l'Agence Européenne sur proposition du laboratoire). Optant pour la procédure décentralisée, un industriel peut par ailleurs choisir un Etat-Membre pour la délivrance d'une première AMM et obtenir une reconnaissance de cette

---

[8] *En anglais, EMEA - European Medicines Evaluation Agency ; l'Agence Européenne est localisée à Londres et a été inaugurée le 26 janvier 1995.*

autorisation par les autres états. De la crédibilité de l'Agence française dépend, dans ce contexte, la meilleure prise en compte des préoccupations sanitaires nationales, et le développement d'une recherche et d'une présence industrielle génératrice d'emploi : les industriels de la pharmacie mettent ainsi en tête de leurs critères de sélection d'un pays pour de nouveaux investissements de R&D, la qualité de la recherche publique et hospitalière et de l'évaluation administrative du médicament.

L'Agence française présente de bons atouts dans cette compétition (développement de l'expertise interne, champ de compétence étendu, qualité du réseau de sécurité sanitaire...). Mais les lieux de pouvoir de l'évaluation du médicament se déplacent inexorablement vers les structures communautaires.

Vers une harmonisation mondiale ?

Le succès de l'harmonisation pharmaceutique communautaire a permis à la Communauté de prendre l'initiative d'une harmonisation progressive de ses exigences réglementaires avec celles des Etats-Unis et du Japon. Les conférences « ICH » (« International Conference on Harmonization », conférences internationales d'harmonisation) lancées fin 1991 ont pour objectif d'organiser une harmonisation et une reconnaissance mutuelle des exigences d'AMM, permettant d'éviter toute répétition inutile d'essais chez l'homme et l'animal, et contribuant à la réduction globale des frais de recherche.

Dans ses relations avec l'AELE [9] comme dans ses contacts bilatéraux, l'Union Européenne cherche par ailleurs à réduire les obstacles non justifiés aux échanges pharmaceutiques et les formalités administratives redondantes. D'ores et déjà, la convention PIC (« Pharmaceutical Inspection Convention ») du 6 juin 1987 assure une reconnaissance mutuelle des inspections de fabrication et des contrôles de qualité entre la plupart des pays européens. L'Union Européenne négocie des accords identiques avec de nombreux pays [10], pour les contrôles des Bonnes Pratiques de Fabrication. Les Bonnes Pratiques de Laboratoire et les Bonnes Pratiques Cliniques font également l'objet de négociations.

---

[9] *Association Européenne de Libre Echange.*

[10] *Suisse, USA, Canada, Australie, Nouvelle Zélande, Israël et Japon.*

La sécurité sanitaire : recherche, fabrication et mise sur le marché des médicaments

La qualité de la recherche et du développement

L'expérimentation indispensable d'un principe actif avant sa commercialisation n'est éthiquement acceptable que sous certaines conditions.

■ La recherche, tant pré-clinique que clinique doit être effectuée sur un lieu agréé (un laboratoire, un centre d'essai clinique), répondant à des exigences de qualité strictes. Depuis 1979 aux Etats-Unis et 1981 en Europe, les Bonnes Pratiques de Laboratoire (BPL) sont des normes obligatoires définissant les qualifications du personnel, l'installation et l'équipement des locaux, et la documentation à constituer sur les expérimentations. C'est l'Agence du Médicament, qui, depuis 1996, a pour mission d'agréer et d'inspecter les laboratoires au regard de ces normes. Dans la même logique, les Bonnes Pratiques Cliniques sont le référentiel exigé pour les essais chez l'homme.

■ L'essai d'un principe actif chez l'homme nécessite une expérimentation animale préalable approfondie. Bien que l'organisme et le métabolisme animal ne puissent être assimilés à ceux de l'homme, les expérimentations sur des animaux permettent de déterminer les effets positifs et nocifs d'un principe actif. L'utilisation des animaux vertébrés à des fins expérimentales ou d'autres fins scientifiques est strictement réglementée (directive européenne du 24 novembre 1986). Par ailleurs, des méthodes alternatives (recours à la modélisation informatique, à des cultures de cellules, des micro organismes, etc) sont de plus en plus employées.

■ Les études cliniques (chez l'homme) sont strictement surveillées au plan de la sécurité sanitaire, de l'éthique, comme de la rigueur scientifique. Dans la plupart des pays, il est indispensable d'obtenir une autorisation : « Investigational New Drug Application » (IND) aux Etats-Unis, « CTX » au Royaume-Uni.

La législation de référence en France (loi du 20 décembre 1988 sur la protection des personnes qui se prêtent aux recherches biomédicales, dite loi Huriet-Sérusclat), qui comble un réel vide juridique, définit les conditions de réalisation des recherches biomédicales et prévoit les responsabilités, pénales et civiles, afférentes. Au plan technique, elle offre des garanties sur l'utilité de la recherche, la rigueur scientifique du protocole d'investigation, la conformité aux règles de Bonnes Pratiques Cliniques, les conditions de sécurité du site et de l'environnement où se déroule la recherche. Ses grands principes sont les suivants.

— Le « consentement libre, éclairé et exprès » de la personne doit avoir été recueilli (ou, à défaut et dans les situations d'urgence, celui de sa famille).

— Une recherche biomédicale sur l'être humain doit se fonder « sur le dernier état des connaissances scientifiques et sur une expérimentation préclinique suffisante » ; « le risque prévisible encouru » ne doit pas être « hors de proportion avec le bénéfice escompté » ; elle doit viser « à étendre la connaissance scientifique ».

— Tout projet de recherche doit être soumis à un Comité Consultatif de Protection des Personnes dans la Recherche Biomédicale (CCPPRB), dont la mission est d'en vérifier la pertinence générale et la validité au regard de la protection des personnes (information, indemnisation éventuelle, assurance obligatoire, ...).

— En ce qui concerne le médicament, l'Agence du Médicament autorise les lieux de recherche (pour les recherches « sans bénéfice individuel direct » — phase I principalement), et reçoit du promoteur de l'expérimentation une lettre d'intention d'essai clinique, décrivant les données essentielles de la recherche, accompagnée de l'avis du CCPPRB. L'Agence peut le cas échéant suspendre l'essai, et le promoteur a l'obligation de déclarer tout effet indésirable survenu.

La qualité de fabrication

Toute entreprise qui souhaite procéder à la fabrication, l'importation, l'exportation [11] ou la distribution de gros de spécialités pharmaceutiques, ne peut entreprendre cette activité que dans le cadre d'un **établissement pharmaceutique**, dont l'ouverture est autorisée par l'Agence du Médicament [12], ou la Direction Générale de la Santé en ce qui concerne les distributeurs et les exportateurs (articles L596 et L598 CSP). Les industriels du médicament de l'Union Européenne et des principaux pays producteurs sont soumis à des exigences similaires.

Les établissements autorisés doivent produire des médicaments humains selon les bonnes pratiques de fabrication (BPF). Rédigées pour la première

---

[11] *Lorsque le médicament exporté ne possède pas d'AMM en France, l'exportateur doit en notifier les raisons à l'Agence qui les communique aux autorités de santé du pays importateur. En cas de risques avérés, l'Agence peut interdire l'exportation.*

[12] *La procédure du visa (avant l'existence de l'AMM), à partir de 1959, s'accompagnait d'une « autorisation de débit » obligeant les entreprises à fabriquer leurs spécialités en France. Contraire aux règles communautaires, cette disposition a été abandonnée en 1967.*

fois en France en 1978 sous l'impulsion de l'OMS, les BPF constituent à la fois une méthode de travail sur un site de production et un élément de la demande d'AMM [13].

Les prescriptions de qualité s'étendent à tous les aspects de production pharmaceutique : personnel, locaux et matériel, documentation, production (fabrication proprement dite et conditionnement, contrôle analytique, autorisation d'emploi), sous-traitance, traitement des réclamations et des rappels de médicaments, gestion de la qualité. Certaines productions nécessitent des précautions particulières : médicaments stériles, radio pharmaceutiques, destinés à des essais cliniques, etc.

La fabrication des principes actifs est encore imparfaitement codifiée, mais entre dans le champ de la Convention PIC pour l'inspection des sites (cf. p. 23).

Enfin, dans le cadre du Conseil de l'Europe, 21 pays européens auxquels se sont ajoutés 9 pays « observateurs » participent à la rédaction de la **Pharmacopée Européenne**. Les monographies constituant la Pharmacopée Européenne deviennent des normes officielles applicables sur leur territoire. En 1995, plus de 1 000 monographies (caractéristiques et méthodes de préparation de médicaments humains et vétérinaires) avaient été rédigées et 600 substances de références répertoriées.

La contrefaçon

La contrefaçon de médicaments est un fléau. Au delà de l'impact économique sur les laboratoires découvreurs et producteurs des spécialités originales, la diffusion de copies d'une qualité incertaine — dans les cas extrêmes, ne contenant pas de principe actifs — peut conduire à de graves accidents sanitaires. Selon l'OMS, la contrefaçon de médicaments constituerait l'équivalent de 7 % de la production mondiale. Si les productions viennent autant des pays développés que des pays en voie de développement, ce sont surtout ces derniers qui sont consommateurs : Afrique, Asie. Selon certains experts, 30 % à 50 % des médicaments circulant en Afrique seraient des faux.

En France, la loi du 5 février 1994 a renforcé les pouvoirs de l'administration des douanes dans ce domaine. Ailleurs, les progrès viendront de la mise en application des accords relatifs à la propriété intellectuelle du GATT (accord général sur les tarifs douaniers et le commerce de 1994), de créations locales de laboratoires de contrôle, mais aussi de réactions nationales contre ce qui s'apparente de plus en plus à des filières criminelles organisées.

Les meilleurs contrôles de qualité n'ont jamais totalement empêché **les incidents et accidents de fabrication**. Un impératif de **vigilance** s'impose

[13] *Au plan communautaire, la directive 91/356/CEE du 13 juin 1991 a établi les principes de ces BPF, détaillés dès 1989 dans un guide de référence.*

donc à l'industriel et depuis la loi du 8 décembre 1992, les laboratoires pharmaceutiques sont tenus de déclarer et de justifier immédiatement auprès de l'Agence du Médicament toute action entreprise pour suspendre la commercialisation, retirer du marché un produit ou rappeler un ou plusieurs lots de produits. Les signalements font l'objet d'un traitement immédiat qui peut conduire à des messages d'alerte des professionnels de santé, voire du public.

L'évaluation et l'autorisation de mise sur le marché

L'agrément de commercialisation — l'Autorisation de Mise sur le Marché — nécessite une évaluation préalable de la qualité, de l'efficacité et de l'innocuité du produit (c'est-à-dire de son rapport bénéfice/risque). Dans l'appréciation du risque acceptable, le caractère de gravité de la maladie entre en compte : un médicament qui génère des effets indésirables sévères pourra être accepté pour une maladie à pronostic mortel rapproché, mais non pour une affection bénigne.

Le dispositif français

L'AMM ne peut être accordée que lorsque le fabricant justifie [14] :

→ qu'il a vérifié l'innocuité du produit dans des conditions normales d'emploi, son efficacité thérapeutique, et son analyse quantitative et qualitative ;

→ qu'il dispose effectivement d'une méthode de fabrication et de procédés de contrôle de nature à garantir la qualité du produit au stade de la fabrication en série.

Le dossier de demande d'AMM remis à l'Agence du Médicament, uniformisé au niveau communautaire, peut comporter plusieurs dizaines de milliers de pages [15] : description analytique du produit, des techniques de fabrication [16] et de contrôle, compte rendu et analyse des études pré-cliniques et cliniques, projet de conditionnement... Le laboratoire pharmaceutique revendique pour son produit une ou plusieurs indications thérapeutiques, résultant d'une analyse de ses essais cliniques. Ces essais

[14] *Le système d'enregistrement français actuel se fonde sur la réglementation de 1959, la directive 65/65/CEE et, plus récemment, la loi du 8 décembre 1992 (article L601 CSP).*

[15] *L'Agence du Médicament expérimente l'utilisation de CD-ROM pour la présentation du dossier.*

[16] *Dont le « Drug Master File » (DMF), comportant les éléments confidentiels sur la fabrication.*

peuvent d'ailleurs avoir été conçus dans le but de « positionner » le médicament sur le marché, et étayer des indications thérapeutiques définies par rapport à celles des produits concurrents. Ainsi, pour des raisons commerciales, l'AMM de produits tout-à-fait comparables pharmacologiquement, peut valider des indications différentes.

L'évaluation du dossier repose sur une expertise externe (experts bénévoles, médecins du secteur public ou privé, pharmaciens, biologistes, toxicologues) doublée, depuis la création de l'Agence du Médicament, d'une expertise interne qui lui est propre. Après expertise du dossier, la Commission d'AMM [17], obligatoirement consultée préalablement à toute décision liée à l'AMM, transmet son avis au directeur de l'Agence qui prend la décision finale : octroi de l'autorisation ou mesure d'instruction, ou encore notification à l'industriel d'un projet de rejet. Dans ce dernier cas, au vu des éléments fournis en réponse, une décision définitive d'octroi ou de rejet est alors rendue.

En 1995, 732 AMM ont été octroyées par l'Agence du Médicament [18] (données relativement stables depuis quelques années) et 94 refusées. 13 % seulement des AMM accordées correspondaient à de nouveaux principes actifs. Les autres portent sur de nouvelles formes galéniques de molécules connues, des compléments de gammes (nouveaux dosages, nouvelles présentations), des copies de médicaments existants, de nouvelles associations de principes actifs connus, etc [19]. Le délai de traitement des nouvelles demandes d'AMM, c'est-à-dire d'intervention d'une première décision, est progressivement revenu dans les limites fixées par les textes (120 jours, pouvant être prolongé à 210 jours).

L'AMM valide l'information relative au médicament destinée au corps médical comme au grand public — le résumé des caractéristiques du produit (RCP) —, réglemente l'étiquetage et la notice des boîtes de médicaments. Les règles en la matière sont fixées au niveau communautaire, afin de permettre la libre circulation des médicaments tout en assurant une bonne information des consommateurs. L'instruction de l'AMM avalise également le nom de marque du produit.

L'AMM est enfin l'étape de classement du médicament dans une catégorie d'accessibilité :

---

[17] *Art. R5140 et 5141 du CSP*

[18] *Source : rapports d'activité de l'Agence du Médicament.*

[19] *Les médicaments homéopathiques bénéficient d'un régime dérogatoire dans la réglementation européenne (directive 92/73/CEE) et française (art. L601-3 du CSP). Ainsi, quelques 2 000 préparations homéopathiques d'origine végétale, animale ou minérale sont soumises à un enregistrement simplifié auprès de l'Agence du Médicament.*

■ **Médicament soumis à prescription médicale obligatoire**. Ces médicaments présentent pour la santé des risques directs ou indirects, ou peuvent faire l'objet d'un usage abusif ou détourné. Ils relèvent de l'une des trois listes des substances vénéneuses :

— liste II : substances toxiques,

— liste I : substances dangereuses ; pas de renouvellement de l'ordonnance sans avis exprès du médecin ;

— liste des substances stupéfiantes.

Les substances stupéfiantes et les substances psychotropes font l'objet d'une réglementation particulière issue de conventions internationales. Qu'elles soient chimiques (précurseurs de drogue notamment) ou pharmaceutiques, ces substances sont encadrées par des règles de sécurité sévères, en matière de production, stockage, étiquetage, distribution et exportation. Les produits pharmaceutiques stupéfiants doivent être prescrits sur un carnet « à souche » conservant l'identité du malade.

■ **Médicaments à prescription restreinte** [20] :

— médicament réservé à l'usage hospitalier,

— médicament à prescription initiale hospitalière, avec renouvellement possible en ville,

— médicament nécessitant une surveillance particulière pendant le traitement.

La prescription peut alors être réservée à certains médecins spécialisés ou soumise à des conditions de diagnostic préalable.

■ **Médicaments en accès libre.**

L'AMM, étape déterminante de la vie d'un produit, peut à tout moment être modifiée, soit par l'Agence du Médicament de manière unilatérale (suite à des accidents d'emploi notamment), soit à la demande du laboratoire : nouvelles indications thérapeutiques, changement de nom, évolution des techniques de fabrication, changement de conditionnement, etc.

L'autorisation temporaire

La procédure usuelle des demandes d'AMM peut être anticipée dans des cas très particuliers, grâce au dispositif d'autorisation temporaire d'utilisation (ATU) [21]. Ces autorisations peuvent être délivrées à titre exception-

---

[20] *Depuis le décret du 2 décembre 1994 transposant une directive communautaire de 1992.*

[21] *Article L601-2 CSP issu de la loi du 8 décembre 1992 et modifié par la loi du 28 mai 1996. Aux Etats-Unis, depuis 1987, le "Treatment Investigational New Drug Application" permet l'administration contrôlée de médicaments prometteurs, avant AMM en cas de maladies graves ou à pronostic vital.*

nel, dans le cas de traitement de maladies graves ou rares, lorsqu'il n'existe pas en France de traitement approprié. La délivrance d'une ATU est limitée à deux cas :

— la demande d'AMM est déjà déposée ou l'engagement est pris de la déposer dans un délai déterminé (ceci afin d'accélérer l'accès des malades au produit) : délivrance d'une ATU à une « cohorte » de patients ;

— les médicaments sont prescrits à des malades nommément désignés et, le cas échéant, importés dans ce but, sous la responsabilité du médecin traitant : délivrance d'une ATU « nominative ».

L'introduction récente des antiprotéases dans le traitement du SIDA a mis en exergue l'importance et le rôle de l'ATU, et révélé les termes du dilemme : faut-il mettre à disposition des patients, de manière de plus en plus précoce (avant l'octroi de l'AMM), des médicaments prometteurs pour le traitement de maladies graves, mais qui n'ont pas encore pleinement fait la démonstration de leur efficacité et surtout de leur innocuité ?

Les nouvelles procédures européennes

En même temps que la création de l'Agence Européenne [22], un nouveau système de délivrance des AMM des médicaments à usage humain (et à usage vétérinaire) est mis en place. Attrayant car il permet aux firmes d'obtenir en une seule fois une autorisation valable dans toute l'Union, il est aussi risqué : en cas de refus, c'est en effet l'ensemble du marché européen qui se ferme. Les objectifs de cette réforme sont à la fois d'offrir à tous les européens un accès rapide et sûr aux thérapies nouvelles, d'harmoniser les exigences scientifiques nationales, et de faciliter la libre circulation des médicaments dans l'Union Européenne.

La procédure la plus novatrice est sans doute la **procédure centralisée** (issue d'une ancienne procédure dite de concertation) qui suppose la soumission d'un dossier unique auprès de l'Agence Européenne. Dans un premier temps, seuls les médicaments issus des biotechnologies sont obligatoirement soumis à la procédure centralisée, et n'ont plus accès ni aux procédures nationales, ni à la procédure décentralisée. Les autres médicaments innovants peuvent emprunter la procédure centralisée si les laboratoires le souhaitent.

La seconde procédure mise en place est la **procédure décentralisée** (issue d'une procédure dite multi-états) et dont le principe est la recon-

[22] *Règlement du 22 juillet 1993 du Conseil des Communautés Européennes, complété par les directives 93/39/CEE, 93/40/CEE et 93/41/CEE*

naissance mutuelle d'une première AMM octroyée dans un Etat membre, par les autres Etats de l'Union. La Commission Européenne, après instruction de l'Agence européenne, arbitre les cas de refus de reconnaissance d'une AMM par un Etat-Membre, qui ne peuvent être motivés que pour des raisons de santé publique.

A l'issue de ces procédures, les avis de l'Agence sont rendus exécutoires par la Commission. Passée l'année 1998, les procédures européennes deviendront obligatoires pour tout enregistrement de médicaments, hormis les seuls médicaments dits « d'intérêt local » ou les médicaments génériques qui pourront encore utiliser les procédures nationales, l'Agence Européenne arbitrant si nécessaire entre les fabricants et les administrations nationales.

Dès 1995, la procédure centralisée a connu un grand succès et s'affirme comme la voie d'avenir pour l'enregistrement européen des médicaments innovants. Déjà, des industriels, des médecins, plaident en faveur d'une ouverture de la procédure centralisée à d'autres catégories de médicaments : les médicaments génériques, les médicaments orphelins...

La pharmacovigilance et la réévaluation

Un médicament peut à tout moment présenter des effets secondaires indésirables et imprévus, ce qui justifie l'exercice d'un contrôle sanitaire constant, une fois le produit sur le marché.

La **pharmacovigilance** se définit comme l'ensemble des procédures organisées de surveillance du risque d'effet indésirable, résultant de l'utilisation thérapeutique ou du mauvais usage des médicaments (loi du 7 juillet 1980 et réglementions consécutives).

A la base, ce système repose sur le professionnel de santé (médecin, chirurgien, dentiste, sage-femme, pharmacien) à qui incombe l'obligation de signaler auprès du centre régional de pharmacovigilance tout effet inattendu ou toxique dont il a connaissance, susceptible d'être dû à un médicament qu'il a prescrit ou vendu. Une même obligation incombe aux entreprises ou organismes exploitant les médicaments.

31 centres régionaux de pharmacovigilance sont chargés de recueillir les déclarations, de conduire des analyses et des enquêtes, et de favoriser les échanges d'information (au moyen notamment de centres de renseignements et de consultation pour les praticiens). Les centres anti-poisons et les centres d'évaluation et d'information sur les pharmacodépendances participent également à cette mission de pharmacovigilance.

La prise de décision centralisée relève de l'Agence du Médicament : enquête de pharmacovigilance, modification du résumé des caractéristiques du produit, inscription sur la liste des substances vénéneuses, suspension ou retrait de l'AMM. L'Agence est assistée par la Commission Nationale de Pharmacovigilance.

Enfin le dernier niveau relève de deux systèmes internationaux — OMS et Union Européenne — qui organisent un échange permanent d'informations de pharmacovigilance entre les administrations nationales, et peuvent constituer un ultime échelon de décision.

Une AMM est accordée pour 5 ans, l'autorisation étant ensuite reconduite ou non après une **réévaluation** du dossier, et au vu notamment des données de la pharmacovigilance. Une opération de **validation** de spécialités anciennes est conduite depuis quelques années par l'administration. Il s'ensuit de nombreux retraits de médicaments, des modifications d'indications ou de formules afin de tenir compte des données nouvelles de la science médicale et des études de pharmacovigilance.

Sécurité et qualité de la distribution du médicament

Le circuit de distribution du médicament en France, du laboratoire producteur au malade consommateur, fait intervenir deux catégories d'acteurs : d'une part le grossiste-répartiteur et le dépositaire, chargés de la distribution de (demi-)gros, et d'autre part les pharmacies de ville ou hospitalières, chargées de la dispensation. Ces professions sont réglementées pour garantir la « chaîne de qualité » de la filière pharmaceutique.

Les répartiteurs et les dépositaires

La mission de la **répartition** pharmaceutique est d'approvisionner les officines de ville en médicaments avec une rapidité et une sécurité maximales. Cette activité, codifiée en France en 1962, remonte aux années 1920, où l'industrie pharmaceutique en plein essor suscita en aval la création de multiples répartiteurs, propriétaires et responsables de leurs stocks (voir aussi p. 55).

En tant qu'**établissements pharmaceutiques**, les entreprises de répartition doivent respecter la réglementation relative au pharmacien responsable (cf. p. 22) et sont contrôlées par les pharmaciens inspecteurs des Directions Régionales des Affaires Sanitaires et Sociales. De surcroît, après avoir défini des « bonnes pratiques de distribution » internes au secteur, les intervenants s'engagent de plus en plus vers l'obtention de certifications de qualité de type ISO 9002. En outre, une directive européenne de 1992 sur la distribution de gros des spécialités pharmaceutiques a ouvert la voie à la publication d'un code de bonnes pratiques.

Un arrêté du 3 octobre 1962 impose enfin à tout répartiteur :

— de déclarer son secteur géographique d'activité aux pouvoirs publics,

— de disposer en permanence, pour ce secteur, d'un stock correspondant à un mois de vente en valeur et d'au moins les deux tiers des spécialités commercialisables (en voie d'être portés respectivement à deux semaines et aux neuf dixièmes),

— d'être en mesure de fournir tout médicament de ce stock à tout pharmacien de son secteur dans les 24 heures.

Par ailleurs, les répartiteurs ne peuvent exercer de substitutions de médicaments et sont tenus d'exécuter les commandes reçues telles quelles.

Les **dépositaires** sont quant à eux des prestataires de services spécialisés pour les laboratoires pharmaceutiques. Logisticiens de l'industrie pharmaceutique, ils assurent pour le compte de laboratoires clients le stockage (mais les clients restent propriétaires de leurs stocks), la préparation des commandes, les livraisons et facturations, l'exportation parfois, des produits. Ils livrent les répartiteurs, les établissements hospitaliers et, dans le cadre de flux directs, les officines de ville. Les installations des dépositaires relèvent également de la réglementation des établissements pharmaceutiques.

La dispensation en officines de ville

« L'emploi des poisons étant en usage dans quelques arts, et la vente en étant commune entre l'épicerie et la pharmacie, nous avons jugé nécessaire de fixer entre les deux professions des limites ». Cette déclaration royale de 1777, parfois considérée comme le texte fondateur du monopole de vente des pharmaciens, reste d'une étonnante modernité.

Près des neuf dixièmes des médicaments consommés en France sont vendues en officines [23] de ville. La dispensation de médicaments marie mission de santé publique, avec ses contraintes réglementaires et ses obligations professionnelles, et préoccupations commerciales classiques (cf. p. 57).

Sur le premier plan, le caractère largement protégé de la vente du médicament se manifeste par deux corpus juridiques (livre V du CSP) : les contraintes d'accès à l'exercice de pharmacien d'officine et le monopole pharmaceutique.

---

[23] *Le Code de la Santé Publique définit : « on entend par officine l'établissement affecté à l'exécution des ordonnances magistrales, à la préparation de médicaments inscrits et la vente au détail des médicaments définis à l'article L511 ».*

Les contraintes d'accès à l'exercice de pharmacien d'officine

Un certain malthusianisme a longtemps permis d'éviter une concurrence économique trop vive entre pharmaciens, afin que la mission de santé publique puisse être assurée sereinement.

Les études de pharmacie comportent ainsi en fin de première année un concours dont le numerus clausus est stable depuis 1985, autour de 2 250 admissions nouvelles.

En outre, l'ouverture d'une pharmacie ou son transfert d'exploitation sont soumis à autorisation préfectorale (loi du 11 septembre 1941, validée par l'ordonnance du 23 mai 1945), dans un objectif double d'assurer une bonne répartition géographique des officines et d'éviter le développement d'une concurrence locale excessive. Les critères d'accord sont les suivants :

— le pharmacien doit disposer du diplôme (national ou communautaire) *ad hoc* (article L514 CSP) ;

— la propriété et l'exploitation sont indivisibles, ce qui signifie, que le pharmacien doit être propriétaire ou copropriétaire de son officine [24], et doit l'exploiter personnellement ;

— les créations d'officines sont fonction du nombre d'habitants ; schématiquement, une officine pour 3 000 habitants dans les grandes communes (plus de 30 000 habitants), une pour 2 000 habitants dans les petites communes (moins de 5 000 habitants), et une pour 2 500 habitants dans les communes intermédiaires ;

— le pharmacien titulaire est tenu d'être assisté d'un ou de plusieurs pharmaciens, en fonction du chiffre d'affaires de l'officine. Il peut aussi être assisté de préparateurs en pharmacie.

Les possibilités de dérogations sur la troisième condition existent et sont d'ailleurs largement utilisées compte tenu des contraintes locales : toutes petites communes, lieux d'activité saisonnière, etc. Les grandes agglomérations ont un surnombre de pharmacies au regard des critères de la loi. Le solde net des créations d'officines décroît depuis quelques années mais reste positif.

La population française apparaît comparativement très bien desservie par rapport à ses voisins européens [25] : une pharmacie pour 2 600 habitants, contre une pour 3 900 habitants en Allemagne ou une pour 4 800 au Royaume Uni. Si les pays du Sud de l'Europe et la Belgique disposent

[24] *Des formules de sociétés en nom collectif, de SARL, ou de sociétés d'exercice libéral sont aussi possibles.*

[25] *Réf. EUROSTAF : « La logistique de distribution des produits pharmaceutiques ».*

également de normes d'implantation, les créations d'officines sont peu réglementées en Allemagne ou au Royaume Uni.

Le monopole pharmaceutique

Le monopole pharmaceutique (article L512 CSP) réserve au pharmacien la vente des médicaments [26] et d'une liste de produits divers. Ce monopole, qui a pour fondement la sauvegarde des intérêts du malade, offre de fait à ses détenteurs un marché captif. Quelques dérogations marginales existent en France, vis-à-vis notamment des médecins « pro-pharmaciens » (pouvant délivrer des médicaments dans les rares agglomérations dépourvues d'officines).

En contrepartie du monopole, des contraintes de service public s'imposent au pharmacien : services de garde, inscription à l'Ordre des Pharmaciens [27], notamment. Mais surtout, le monopole pharmaceutique est nécessairement lié au rôle du pharmacien dans la chaîne des soins : conseil au malade, contrôle des produits...

Potentiellement dangereux, le médicament est vendu en France dans des conditions particulières. Ainsi, la réglementation n'autorise pas le pharmacien à mettre les médicaments à la portée du public à l'inverse des produits de parapharmacie. La situation est différente aux Etats-Unis ou au Royaume Uni, où les médicaments vendus sans ordonnance sont accessibles sur les rayonnages des « drugstores ».

Le monopole pharmaceutique n'est une règle que dans certains pays européens : France, Belgique, Danemark, Espagne, Grèce, Italie, Luxembourg et Portugal. Au Royaume Uni et aux Pays-Bas, ce monopole ne vaut que pour les médicaments vendus sur ordonnance, et en Allemagne, une liste précise les médicaments pouvant être vendus chez des droguistes, dans des magasins spécialisés ou des grandes surfaces.

Le statut d'activité réglementée et protégée par un monopole suppose enfin une éthique professionnelle, contrôlée par l'Ordre National des

---

[26] *Un produit répondant à la définition du médicament telle qu'analysée en page 11 est automatiquement couvert par ce monopole.*

[27] *Créé à la Libération, l'Ordre des Pharmaciens a pour attributions la discipline, la représentation de la profession, le conseil et l'information, et la solidarité professionnelle. L'Ordre national — 57 365 pharmaciens inscrits en 1995 — est divisé en sections correspondant aux divers modes d'exercice de la profession qui font l'objet de réglementations particulières distinctes. L'inscription à l'Ordre étant obligatoire, toute exclusion entraîne l'impossibilité d'exercer la profession concernée.*

Pharmaciens, à la lumière du Code de Déontologie : mission de conseil du pharmacien, rigueur dans le traitement des ordonnances et des règles de délivrance, absence requise de moyens de fidélisation de clientèle, de politique de concurrence entre « confrères », de comportements commerciaux agressifs...

Les pharmacies hospitalières

La pharmacie hospitalière a célébré son demi-millénaire en 1995. Les établissements de soins publics ou privés peuvent en effet disposer d'une pharmacie (article L595-1 CSP) et, dans le secteur public, cette possibilité est utilisée par tous les établissements de plus de 500 lits. Le service de pharmacie constitue alors une unité individualisée chargée d'acquérir, de préparer, de contrôler et de dispenser les médicaments et certains dispositifs médicaux (consommables, prothèses, petit matériel...). 13 % environ des médicaments vendus en France sont aujourd'hui consommés à l'hôpital.

Les pharmacies doivent être dirigées par un pharmacien hospitalier, recruté par concours et presque toujours interne en pharmacie, qui possède le statut de praticien hospitalier. Les compétences du pharmacien hospitalier s'étendent à tout le circuit du médicament : gestion du médicament pour les essais cliniques, relations avec les médecins tant pour l'appréciation des besoins que pour l'information sur les médicaments achetés et l'aide à la prescription, préparation des prescriptions, évaluation et assurance de la qualité liée aux approvisionnements et à la dispensation... Par ailleurs, il appartient au personnel des pharmacies hospitalières de concourir à la pharmacovigilance. Le rôle du pharmacien hospitalier s'étend également au domaine économique (cf. chapitres suivants).

La Pharmacie Centrale des Hôpitaux de Paris (PCH), cas d'exception, ajoute à son rôle de pharmacie hospitalière une importante activité de distribution vers d'autres établissements de santé et organisations sanitaires, et de production industrielle de médicaments orphelins (cf. p. 48) ou de consommation hospitalière courante (analgésiques, solutés...), sans statut légal adapté.

Qualité et sécurité de la prescription et de la communication sur le médicament

La publicité pharmaceutique

La qualité de la communication publicitaire sur le médicament mérite une attention particulière, s'agissant de produits actifs sur la santé humaine et dont les caractéristiques doivent donc être bien connues des utilisateurs et des prescripteurs. C'est pourquoi une réglementation détaillée, désormais harmonisée au niveau communautaire [28], encadre la publicité pharmaceutique définie comme « toute forme d'information », y compris le démarchage, de prospection, ou d'incitation qui vise à promouvoir la prescription, la délivrance, la vente ou la consommation de médicaments, et devant répondre à des **prescriptions générales** [29] :

— limitation de la possibilité de faire l'objet d'une publicité aux **médicaments titulaires d'une AMM** ;

— **objectivité du contenu** de la publicité qui doit respecter les dispositions de l'autorisation de mise sur le marché, favoriser le bon usage du médicament, « et ne doit pas être trompeuse, ni porter atteinte à la protection de la santé publique » ;

— distinction entre la publicité destinée au public et la publicité réservée aux professionnels de santé ; **la publicité destinée au public** est réservée aux médicaments remplissant simultanément trois conditions :

- délivrance non soumise à prescription,
- médicament non remboursable,
- pas de restriction spécifique sur ce point contenue dans l'AMM,

et soumise à un **contrôle et une autorisation a priori** (visa de publicité « grand public » délivré par l'Agence du Médicament) ; la **publicité réservée aux professionnels de santé** (personnes habilitées à prescrire, dispenser ou utiliser des médicaments) est autorisée pour tous les médicaments et soumise à un **contrôle et un régime de sanctions a posteriori** (suspension, modification, voire interdiction avec diffusion d'un rectificatif, décidées par l'Agence du Médicament) ;

— exigence pour les visiteurs médicaux **de qualifications particulières**, garantissant la bonne dispensation du message de promotion ;

— cadre restrictif de distribution des échantillons gratuits ;

— exigence pour toute entreprise exploitant un médicament d'un « **service chargé de la publicité** » — placé sous le contrôle du pharmacien responsable et chargé de s'assurer du respect de l'ensemble des règles relatives à la publicité ;

— enfin, **interdiction** pour les membres des professions médicales **de « recevoir des avantages en nature ou en espèces**, procurés par des entreprises assurant des prestations, produisant ou commercialisant des produits pris en charge par les régimes de sécurité sociale » (article

---

[28] *Directive n° 92-28 du 31 mars 1992, transposée par la loi du 18 janvier 1994.*
[29] *Article L. 551 à L. 551-8 CSP.*

L. 365-1 du CSP issu de la loi du 27 janvier 1993 dite loi « anti-cadeaux »).

Quatre aspects importants de ces prescriptions méritent commentaire [30].

■ **Le visiteur médical**, ou délégué médical, élément clé de la politique commerciale d'un laboratoire pharmaceutique, se voudrait avant tout un informateur scientifique. Pour le médecin, il est surtout un représentant de commerce. Pourtant, la visite reste le meilleur lien entre l'industrie et le médecin, et constitue de fait une source « d'information continue » indispensable à ce dernier. Pour en tirer le meilleur parti, la visite médicale doit évoluer dans le sens de la qualité. L'instauration d'une formation reconnue et d'une carte professionnelle de visiteur médical va indiscutablement dans ce sens.

Les conditions de la visite médicale ont été largement précisées par voie réglementaire. Celle-ci doit ainsi s'accompagner de la remise en main propre du « résumé des caractéristiques du produit » issu de l'AMM, des informations relatives au prix, au coût du traitement journalier et à la situation du médicament au regard du remboursement, ainsi que, dans certains cas, de l'avis public de la Commission de la Transparence (cf. p. 118) préalable à l'admission au remboursement.

■ Le dépôt de documents publicitaires à des fins de contrôle auprès de l'Agence du Médicament est exigé pour « toute forme d'information communiquée aux professionnels de santé, notamment à l'occasion de la visite médicale, d'études ou enquêtes auprès de ces professionnels, réunions ou congrès, émissions de télévision ».

La Commission de contrôle de la publicité et de la diffusion de Recommandations sur le bon usage des médicaments, qui siège auprès de l'Agence du Médicament est chargée de donner un avis à son directeur général avant certaines décisions : autorisations *a priori* pour la publicité auprès du public et retraits de visa ; interdictions, exigences de modifications ou de diffusion d'un rectificatif pour la publicité auprès des professionnels. Elle est désormais chargée de formuler des avis plus généraux sur certaines « pratiques promotionnelles risquant de détourner l'usage d'un médicament des caractéristiques fixées par l'AMM, ou d'inciter à une consommation dans des conditions non conformes au bon usage du médicament », le déroulement de campagnes publicitaires, l'utilisation promotionnelle de différents média, et d'émettre des « recommandations sur le bon usage d'un médicament ».

■ Mais la réglementation en vigueur ne couvre pas tout le champ de la promotion. Les firmes pharmaceutiques ont entrepris de profiter de

---

[30] *Décret du 14 juin 1996.*

l'intérêt du grand public pour les questions de santé, en multipliant les publicités institutionnelles dans les média grand public comme dans la presse spécialisée. Par ailleurs, les mérites potentiels d'un médicament y sont parfois évoqués bien avant que la recherche clinique ait abouti.

L'utilisation de **nouveaux média** ouvre enfin d'autres perspectives. La création de chaînes de télévision axées sur la santé est en projet, sur câble ou via satellite. Les cibles sont encore incertaines : médecins ou grand public ? Le problème de leur financement est également posé. Des ressources financières provenant majoritairement de laboratoires pharmaceutiques annonceurs soulèvent les questions de l'indépendance de ces chaînes, et des montants que les entreprises pourraient y consacrer, au détriment de la presse écrite déjà affaiblie.

De même, des serveurs Internet (issus d'entreprises ou d'associations) traitent librement de médicaments (certains en proposent même la vente par correspondance) et sont accessibles au grand public, ce qui pose la question de la compatibilité de ces systèmes « apatrides » avec la réglementation française de la publicité et de la distribution.

■ Enfin, en termes déontologiques, les effets bénéfiques de **la « loi anti-cadeaux »** doivent être soulignés. Elle n'a évidemment pas pour objet d'empêcher des activités d'évaluation (essais thérapeutiques par exemple), de formation ou encore la participation à des manifestations professionnelles (congrès scientifiques). Mais la transparence des relations entre entreprises et professionnels de santé est garantie par la conclusion systématique de conventions soumises pour avis au Conseil de l'Ordre de la profession. La lourdeur de la procédure et les risques inévitables de contournement sont malgré tout à relever.

La prescription et le rôle central du médecin

Responsable des choix thérapeutiques, le médecin assure la prescription médicamenteuse, et joue un rôle essentiel dans la pharmacovigilance.

La liberté de prescription

Le choix par le médecin du traitement médicamenteux adapté suppose le respect de règles déontologiques et de sécurité essentielles. L'article 18 du code de déontologie indique que « le médecin doit s'interdire, dans les investigations ou les interventions qu'il pratique, comme dans les thérapeutiques qu'il prescrit, de faire courir au malade un risque injustifié ».

Le Code de la Santé Publique détaille certes des **règles de prescription** inspirées par le souci de qualité et sécurité de cet acte majeur :

— durée maximale de prescription limitée à 6 mois de traitement (pour les médicaments pris en charge par l'Assurance Maladie) par période de un mois renouvelable (article R.5148 *bis* CSP), le médecin devant indiquer le nombre de renouvellements nécessaires ;

— à l'exception des contraceptifs, (durée allongée à 1 an), des stupéfiants (durée réduite à une semaine, pouvant exceptionnellement être portée à quatre semaines), des hypnotiques et des anxiolytiques (durées réduites : un et trois mois respectivement) ;

— champ de la prescription, qui peut être limité à certains praticiens pour des médicaments d'usage délicat (cf. p. 29) ;

— droit de l'autorisation de mise sur le marché, qui définit les paramètres d'utilisation reconnue du médicament. Le médecin peut prescrire un médicament au-delà de ces limites, mais il le fait sous sa propre responsabilité, qu'il engage en cas d'incident ou d'accident thérapeutique.

Mais, le médecin jouit en fait d'**une liberté de prescription quasi totale**. « Un médecin a une liberté de prescription presque sans limite. Le risque d'être poursuivi devant les tribunaux à l'initiative d'un patient mécontent est pratiquement nul en France dans le domaine du médicament [31]. Les erreurs dans les doses prescrites sont de plus en plus rares grâce au développement des spécialités qui remplacent les préparations magistrales. Cette situation contraste avec le fait que de nombreuses ordonnances ne sont pas conformes à l'état des connaissances. Le médecin développe des habitudes de prescription en fonction de son acquis à la faculté, assez faible dans l'ensemble, de l'influence de journaux médicaux très dépendants financièrement de l'industrie pharmaceutique et qui font une large place aux nouveautés, ainsi que des visiteurs médicaux qui viennent inlassablement lui répéter que les derniers produits commercialisés transforment la thérapeutique et constituent une “avancée décisive” »[32].

Qualité de la prescription

La qualité de la prescription constitue une préoccupation des pouvoirs publics, comme en témoignent plusieurs rapports de la Caisse Nationale d'Assurance Maladie, dont le rapport Béraud (« la Sécu c'est bien, en abuser ça craint », CNAMTS 1992). Le rapport du Dr Fender en 1996 met notamment en exergue :

---

[31] *A la différence des Etats-Unis, mais la situation tend à évoluer en France.*
[32] *C. Got :* La Santé, *éd. Flammarion.*

— l'utilisation de produits en dehors de leurs indications thérapeutiques reconnues,

— les redondances de prescription de médicaments sur une même ordonnance,

— les rédactions incorrectes des ordonnances (absence d'indication des posologies ou durées de traitement), le non respect des limites de durée spécifiques pour les anxiolytiques ou hypnotiques.

La non-qualité de la prescription de médicaments ou son inutilité sont d'abord des problèmes de santé publique et posent notamment les questions suivantes.

▪ **La formation initiale des médecins** doit en permanence être adaptée aux évolutions rapides des connaissances scientifiques. Cependant, l'enseignement de la clinique paraît privilégié par rapport à la thérapeutique, l'étude des médicaments et de la meilleure prescription, qui sont délaissées. D'autre part, la pratique médicale courante, ses contraintes et son contexte (droit de l'assurance maladie, économie de la santé notamment) sont très peu abordés.

▪ **La mise au point périodique des connaissances médicales** constitue une obligation déontologique des praticiens (Article 16 du Code de Déontologie : « Les médecins ont le devoir d'entretenir et de perfectionner leurs connaissances ») qui, compte tenu de la rapidité de leur évolution, conditionne désormais la sécurité de l'exercice diagnostique et thérapeutique. La mise en œuvre de l'obligation déontologique de **formation médicale continue** est traditionnellement laissée en France à l'initiative des partenaires de la convention médicale (syndicats médicaux, caisses d'assurance maladie). L'obligation déontologique a toutefois été transformée en obligation légale par l'ordonnance du 24 avril 1996.

▪ Le thème de **l'évaluation médicale** est devenu prégnant au cours des années 1980, suivant l'exemple américain, et déboucha en 1990 sur la création de l'Agence Nationale de Développement de l'Evaluation Médicale (ANDEM). L'évaluation médicale vise plus précisément les technologies diagnostiques et thérapeutiques (dont le médicament) et leurs stratégies d'utilisation, le contrôle de leur qualité et de leur sécurité. Elle conduit logiquement à l'élaboration de recommandations de pratique clinique (RPC) fondées sur des consensus d'experts (méthode des « conférences de consensus » aux USA), établissant un « état de l'art médical » sur des thèmes précis, puis, en France, à des références de prescription négatives (il n'y a pas lieu de prescrire tel médicament dans telle circonstance) mises au point dans le cadre des conventions entre l'assurance maladie et les syndicats de médecins, et qui peuvent être sanctionnées (cf. p. 129).

LES POLITIQUES ET ENJEUX INDUSTRIELS DU MÉDICAMENT

Au niveau mondial, l'industrie pharmaceutique connaît depuis le début des années 90 un processus de profonde mutation. Les opérations de fusion ou d'acquisition d'entreprises se succèdent. Pourquoi de tels bouleversements ? Trois raisons principales peuvent être avancées.

■ Le coût d'une recherche innovante est en inflation constante, en raison de la complexité des problèmes à traiter, des exigences des agences d'enregistrement en termes de rigueur et de qualité de la R&D, et de la bataille des normes en matière d'essais et de fabrication entre les grands blocs, Amérique du Nord, Japon et Europe (nouvelle forme de protectionnisme !).

■ La maîtrise des dépenses publiques de santé dans les pays développés (et donc sur les trois quarts du marché mondial) limite les croissances des marchés et renforce la concurrence. Elle oblige à adopter des stratégies soit purement commerciales, soit tournées vers une innovation démontrée.

■ Les entreprises doivent désormais raisonner à l'échelle internationale pour leur production, leur recherche, la commercialisation de leurs produits et leurs ressources financières.

Les stratégies industrielles et les caractéristiques de l'industrie pharmaceutique mondiale

Autrefois très dispersé et peu internationalisé, le tissu industriel pharmaceutique des pays développés se resserre rapidement, indépendamment des frontières. Certes le premier groupe pharmaceutique ne couvre encore qu'environ 5 % du marché mondial. Mais la véritable analyse concurrentielle de l'industrie pharmaceutique doit se conduire par grands domaines thérapeutiques. Le marché se révèle alors beaucoup plus concentré : cinq laboratoires dominent le marché de l'asthme, guère plus de quatre celui des antiviraux, trois celui des vaccins.

Le poids de l'histoire finit par s'estomper pour laisser place à des stratégies industrielles planétaires. Alors que l'industrie pharmaceutique allemande et suisse s'est construite à partir d'une industrie chimique déjà puissante et internationale, alors qu'aux Etats-Unis, le développement industriel s'est fréquemment appuyé sur les ressources des grossistes et de leurs « drugstores » ou sur d'anciennes filiales de groupes allemands, l'industrie française est essentiellement issue de l'officine et de l'ingéniosité de pharmaciens chercheurs : Nativelle, Servier, Delagrange, Delalande, Fabre, Beaufour, Fournier, Roussel, pour n'en citer que quelques uns. A l'origine, seul Rhône-Poulenc a suivi en France le modèle rhénan en développant une branche pharmaceutique à partir de son activité dans le domaine des colorants et textiles. Les trente dernières années ont vu la constitution en France de pôles industriels autour de Sanofi, de Synthélabo et de Rhône-Poulenc par intégration successive de laboratoires familiaux.

A l'heure actuelle, la diversité d'origine des laboratoires pharmaceutiques peut expliquer des écarts dans leur structure financière, leur internationalisation, leur culture d'entreprise, ou l'organisation de leur recherche, mais ne justifie plus des orientations stratégiques fondamentalement différentes.

Les 20 premiers groupes pharmaceutiques mondiaux en 1995,
en parts du marché mondial (Source IMS/SNIP-IPSR 1996)

		Parts de marché
1	Glaxo-Wellcome (UK)	4,7 %
2*	Merck & Co (USA)	3,5 %
3	Hoechst Marion Roussel (RFA)	3,5 %
4	Bristol Myers Squibb (USA)	3,1 %
5	American Home Products (USA)	3,0 %
6	Pfizer (USA)	2,9 %
7	Johnson & Johnson (USA)	2,9 %
8	Roche (Suisse)	2,6 %
9	Smithkline beecham (UK/USA)	2,5 %
10	Ciba-Geigy (Suisse)*	2,5 %
11	Rhône-Poulenc Rorer (F)	2,2 %
12	Bayer (RFA)	2,1 %
13	Eli Lilly (USA)	2,0 %
14	Sandoz (Suisse)*	1,9 %
15	Schering-Plough (USA)	1,9 %
16	Astra (Suède)	1,8 %
17	Abbott (USA)	1,8 %
18	Pharmacia & Upjohn (Suède/USA)	1,7 %
19	Sankyo (J)	1,6 %
20	Takeda (J)	1,6 %

* Ciba-Geigy et Sandoz ont fusionné en 1996 pour créer le deuxième groupe mondial : Novartis.

La pièce maîtresse de la stratégie pharmaceutique demeure la politique de recherche, longue et coûteuse. Il est en effet courant de consacrer plus de 10 ans à la mise au point d'un médicament nouveau. Par ailleurs, le processus de développement de grandes molécules, sur des pathologies importantes, et à visée d'enregistrement international peut coûter dans son intégralité jusqu'à un milliard et demi de francs, en inflation constante. Les principaux groupes pharmaceutiques mondiaux consacrent autour de 15 % à 20 % de leur chiffre d'affaires aux dépenses de recherche et développement (R&D). Les premiers du palmarès disposaient ainsi de budgets de R&D supérieurs à 1 500 millions de dollars en 1995. L'innovation n'est cependant pas réservée aux plus grands groupes pharmaceutiques, seuls capables de financer une recherche aussi coûteuse.

La course à l'innovation...

Comme dans la plupart des secteurs industriels, la R&D pharmaceutique est à la fois le fruit des équipes des plus grandes entreprises, et de l'approche plus souple et plus innovante de PME. L'idée « géniale » qui conduira au succès n'est pas une affaire de gros sous. Les grands groupes doivent donc à la fois compter sur leurs propres centres de recherche et sur des collaborations avec des laboratoires externes, privés ou publics : les prises de participation ou les accords avec des PME de pointe se multiplient.

Ce ne sont en effet pas les premiers travaux de recherche qui coûtent cher. Des PME peuvent donc y connaître d'excellents résultats. Certaines conduisent la recherche et le développement d'une molécule jusqu'aux premières phases des études cliniques, puis proposent leur produit en licence à d'autres laboratoires pharmaceutiques pour un développement à l'étranger, et conservent le développement final pour leur seul pays d'origine.

Le domaine des biotechnologies regorge de petites sociétés très innovantes, issues de laboratoires universitaires ou privés, qui font ainsi l'objet de toutes les convoitises. Encore plus pointu, le champ des thérapies géniques connaît également une effervescence de projets de recherche, publics et privés, dont aucun n'a encore véritablement abouti.

Dans ce cadre, il peut être intéressant d'examiner la productivité de la recherche et d'analyser les succès respectifs des principaux pays. Etienne Barral a ainsi analysé [1] les 1 061 nouveaux médicaments (nouvelles entités chimiques) mis sur le marché de 1975 à 1994 dans les sept pays les plus

---

[1] *« Vingt ans de résultats de la recherche pharmaceutique dans le monde (1975-1994) », Etienne Barral, Rhône-Poulenc Rorer.*

industrialisés (G7). Une des conclusions principales de cette étude est une nette progression du Japon, de la Suisse et dans une moindre mesure du Royaume Uni, dans le classement des pays découvreurs, au détriment des Etat-Unis, de l'Allemagne et surtout de la France : du 2e rang des pays découvreurs entre 1975 et 1979, la France rétrograde au 7e rang entre 1990 et 1994. Ce constat est vérifié *a fortiori* lorsque l'on se limite aux produits commercialisés dans tous les pays du G7. La France rejoint alors le 8e rang.

Cette analyse est corroborée par l'examen des réservoirs de découvertes dans le domaine des biotechnologies. Il apparaît que l'Europe est loin derrière les Etats-Unis, et se fait rattraper par le Japon, en nombre de composés en cours de développement. Alors qu'aux Etats-Unis, plus d'un millier de petites entreprises spécialisées en biotechnologie sont actives dans le domaine pharmaceutique, l'Union Européenne n'en compte qu'environ 500, dont près d'une cinquantaine pour la France.

... qui devient une course à la taille

C'est une fois la molécule sélectionnée qu'il faut disposer de ressources financières considérables pour assurer son développement. Dans le processus de développement d'un médicament, ce sont les phases II et III des essais cliniques sur un nombre important de patients qui sont les plus coûteuses. Les partenariats entre laboratoires sont d'ailleurs fréquents, pour partager les coûts et assurer simultanément le développement d'une molécule sur plusieurs grands marchés.

C'est dans ce contexte que s'appréhende la course à la taille critique à laquelle se livrent les grandes multinationales, via des opérations de croissance externe ou de fusion d'entreprises. Pour ne citer que les plus importantes : acquisition de Syntex (USA) par Roche (Suisse) et de American Cyanamid (USA) par American Home Products (USA) en 1994, acquisition de Wellcome (UK) par Glaxo (UK) — 74 milliards de Francs ! — et de Marion Merrel Dow (USA) par Hoechst (RFA) en 1995, fusion de Pharmacia (Suède) et Upjohn (USA) en 1995 et de Ciba (Suisse) et Sandoz (Suisse) — pour donner naissance à Novartis — en 1996.

L'objectif est à la fois de mettre en commun des moyens et des portefeuilles de recherche afin d'assurer l'avenir du nouveau groupe, d'augmenter la présence sur les grands marchés mondiaux, mais aussi de réaliser des économies d'échelle sur la production, les moyens administratifs, et les structures. La suite logique de ces opérations industrielles est en effet le recentrage de l'activité de recherche et de commercialisation sur quelques axes thérapeutiques où la firme est en position de force, la réduction du nombre de sites de production et leur spécialisation, et la mise en œuvre d'importants plans de restructurations souvent destructeurs d'emplois. D'autres firmes, redoutant le coût humain de telles opérations, préfèrent des rachats plus modestes. Enfin, certains groupes diversifiés adoptent une stratégie de scission totale de leurs activités de chimie et de pharmacie, pour donner à cette dernière l'indépendance et la structure financière plus à même de faciliter son développement.

Ces récentes opérations illustrent le poids croissant des enjeux financiers dans les stratégies industrielles. Les actionnaires, les investisseurs sont prêts à miser sur un secteur où le temps de retour et le risque sont élevés. Mais ils comptent alors sur une rentabilité confortable.

Mais tout le monde ne peut pas arriver le premier !

Un médicament nouveau et très innovant est en situation de quasi-monopole tant que, couvert par son brevet, il ne peut être copié, et tant que la concurrence n'a ni égalé, ni surpassé ses performances thérapeutiques. Dans la majorité des cas, les connaissances de recherche fondamentale conduisent plusieurs laboratoires à travailler simultanément sur une même piste thérapeutique et sur une même série chimique de molécules. Le laboratoire qui remporte cette course crée alors véritablement un nouveau marché.

Les laboratoires « suiveurs » qui portent leurs efforts sur des molécules ne différant de la tête de série que par quelques atomes (on parle de « me-too ») et présentant des effets thérapeutiques souvent peu différents, auront conduit une recherche à peu près aussi coûteuse, mais devront à la fois lutter contre un concurrent déjà installé et, quelques années plus tard, alors que les droits de leur molécule seront toujours protégés, contre les copies du concurrent. Dans un contexte de maîtrise des dépenses de santé et donc de réceptivité du marché limitée aux plus innovants ou au moins coûteux, la stratégie du « me too » peut faire long feu.

Il est vrai néanmoins que les premières molécules « **me-too** » peuvent contribuer à l'engouement du corps médical pour la nouvelle famille innovante, et en tirer profit. La puissance du marketing, une politique commerciale astucieuse s'appuyant sur un atout distinctif (des effets secondaires réduits par exemple) ou un prix avantageux peut alors leur permettre de détrôner leur illustre prédécesseur. Un exemple célèbre est celui de la Ranitidine (Azantac® de Glaxo). « Me-too » de la Cimétidine (Tagamet® de Smithkline Beecham, premier médicament contre l'ulcère de la série des « anti-H2 »), la Ranitidine l'a surclassée au hit-parade mondial des meilleures ventes et a conduit Glaxo de la 24e place de la pharmacie mondiale à la première.

Des stratégies de niche adaptées aux PME

Le choix d'une **cible thérapeutique réduite** permet de construire à moindre frais une R&D performante et d'optimiser l'effort commercial en s'adressant à une cible restreinte de prescripteurs. Par exemple, le marché de l'ophtalmologie est trop réduit pour inciter de grandes multinationales à y développer une molécule. Pourtant, plusieurs grandes molécules destinées au traitement de pathologies plus larges peuvent être efficaces en ophtalmologie. Une PME spécialisée peut en acquérir la licence et compléter leur développement sur ces indications ciblées.

L'approche de créneaux inexploités car trop étroits est adaptée aux PME lorsqu'elles peuvent y trouver une rentabilité. C'est parfois le cas des **médicaments dits orphelins**. On recense encore à ce jour près de 5 000 maladies qualifiées d'orphelines en ce sens qu'il n'y a pas de traitement curatif disponible, ni de recherche industrielle de médicament approprié [2]. L'industrie pharmaceutique est en effet peu motivée pour engager une recherche coûteuse sur un marché jugé non rentable : petit nombre de malades (maladies génétiques rares par exemple), ou absence de solvabilité du marché (maladies tropicales parasitaires par exemple). Mais, pour peu que la recherche fondamentale ait fourni une piste, et que le développement bénéficie du soutien (qualitatif comme parfois financier) des autorités sanitaires, la mise au point d'un médicament nouveau, d'une thérapie génique ou l'extension d'indication d'un médicament ancien utilisé sur des cibles plus conventionnelles peut être à la portée de PME dynamiques et innovantes.

Par ailleurs, les restructurations des groupes les amènent à rechercher davantage de souplesse par l'utilisation de la **sous-traitance**. Des PME peuvent en tirer parti : sous-traitance de visite médicale, sous-traitance de recherche à des sociétés de recherche sous-contrat ou sous-traitance de certaines étapes du développement ; enfin, en raison de leur politique de réduction et de spécialisation de leurs sites de production, les grands groupes n'ont plus les moyens de produire les petites séries de médicaments ou de maîtriser toutes les technologies de production pharmaceutique ou de formulation galénique, créant ainsi un marché pour des PME de **façonnage pharmaceutique**.

Il reste que l'on peut s'interroger sur l'avenir des petits laboratoires pharmaceutiques de domaine d'action purement national, aux portefeuilles de produits vieillissants et sans ressource financière pour lutter contre une concurrence croissante et pour s'engager vers une voie plus prometteuse. Ceux-ci sont encore nombreux dans certains pays européens comme la France ou l'Allemagne. Les perspectives mondiales de l'industrie pharmaceutique semblent être clairement une concentration des structures et une réduction des emplois qui ne les épargnera pas.

---

[2] *A. Wolf :* Les orphelins de la santé, *INSERM.*

De nouvelles stratégies commerciales : l'automédication, les génériques, la gestion globale de la maladie

Les laboratoires pharmaceutiques peuvent également adopter des stratégies commerciales destinées à anticiper la fin de la protection de leurs produits par un brevet ou à répartir les risques commerciaux sur le marché du médicament remboursé et du médicament non-remboursé.

Le déremboursement des médicaments les moins prioritaires et l'intérêt des consommateurs pour l'hygiène et la santé conduisent certaines grandes firmes à constituer des divisions ou des filiales spécialisées dans le marché de **l'automédication** (chez les anglo-saxons, l'OTC : « over the counter », cf. p. 109). Les stratégies industrielles de l'automédication diffèrent de celles du médicament dit — abusivement — « éthique » (délivré sur prescription médicale). Les barrières stratégiques à l'entrée ne sont pas technologiques, en raison des synergies avec les médicaments éthiques et des coûts de R&D peu importants. C'est du côté commercial que joue la forte pression concurrentielle : positionnement commercial, intensité de la promotion (chez le pharmacien notamment), taille de la gamme, contrôle de la distribution. Des laboratoires nationaux peuvent aussi y faire des percées sur des niches adaptées aux consommateurs locaux : puériculture, phytothérapie...

Dans un contexte où de nombreux produits sont susceptibles d'être déremboursés, à l'initiative ou contre le gré des entreprises, la stratégie du « **switch** » prend toute son importance. Le véritable « switch » consiste à convertir un médicament remboursable destiné à la prescription du médecin en un produit grand-public non remboursé, ouvrant un second marché à des médicaments éthiques renommés, susceptibles d'être concurrencés par des copies ou des molécules nouvelles plus puissantes. Il apporte un complément de gamme accessible à tous qui, le cas échéant, conforte une spécialisation thérapeutique d'un laboratoire. Cette dynamique du switch, née aux Etats-Unis, commence à atteindre la France (cf. p. 112).

Le médicament, produit à long cycle de vie, n'atteint sa maturité commerciale qu'au bout de 4 à 8 ans. Dès la chute de son brevet, la spécialité peut être copiée et des médicaments dits « **génériques** » conquièrent le marché à des prix 20 % à 50 % inférieurs : les laboratoires « génériqueurs » n'ont pas de R&D à amortir et investissent sur une communication de marque et non de produit (cf. p. 106).

La commercialisation de génériques requiert une stratégie de promotion particulière (promotion d'un catalogue, argument de vente du prix et non de l'efficacité) et une gestion optimale des coûts de production et de structure. Des laboratoires pharmaceutiques spécialisés ont connu une croissance forte dans les pays favorables aux génériques : USA, Allemagne, Royaume-Uni. D'autres stratégies industrielles peuvent s'articuler autour du générique : stratégie défensive du laboratoire d'innovation, qui met avant l'heure un « auto-générique » de son propre produit sur le marché ou abaisse fortement le prix de son produit de référence, pour anticiper la concurrence ; stratégie offensive où la firme peut chercher à conquérir le marché d'un médicament concurrent en commercialisant un générique de prix inférieur ; mise en œuvre d'une offre complète de traitement d'une maladie à partir de produits brevetés et de génériques.

Dans des domaines bien ciblés comme l'asthme ou le diabète par exemple, il est en effet possible de concevoir la **prise en compte globale de la maladie** et l'établissement de protocoles standardisés de traitement. Cette approche dite de « **disease management** » permet de réduire les coûts de prise en charge tout en améliorant la qualité des soins. Les laboratoires pharmaceutiques peuvent y voir le moyen de développer une prestation plus complète (connaissance de la maladie, élaboration de protocoles de traitement) ainsi que d'offrir une gamme de produits cohérente avec l'approche globale de la maladie. Cette offre globale peut les mettre en position plus avantageuse et plus rémunératrice face aux assurances maladies.

Le « disease management » se développe rapidement aux Etats-Unis, du fait de la structure du marché et des caractéristiques de l'assurance maladie (cf. p. 81). Les opérations de **croissance ou d'alliances verticales** survenues durant les dernières années aux Etats-Unis en sont la conséquence. De grandes firmes pharmaceutiques ont ainsi acquis au prix fort des « PBM » (Pharmaceutical Benefit Manager, prestataires chargés de gérer la facture de pharmacie d'organismes d'assurance maladie) : Medco acquis par Merck (USA) en 1993 (pour près de 33 milliards de Francs), PCS et DPS acquis respectivement par Eli Lilly (USA) et Smithkline Beecham (UK-USA) en 1995.

L'industrie et la distribution pharmaceutiques françaises

La filière du médicament en France, prise au sens large — de la recherche à la vente en officine, en passant par la production, la commercialisation, la distribution, et les administrations de contrôle —, occupe plus de 220 000 emplois, qui s'inscrivent au sein d'un secteur de la santé employant près d'un million et demi de personnes.

L'industrie pharmaceutique française

L'industrie pharmaceutique française présente un tableau en demi-teinte. A première vue, elle semble florissante : 83 000 emplois directs, 112 milliards de francs de chiffre d'affaires en 1995 dont 24 à l'exportation, 7,8 % de croissance moyenne annuelle de 1990 à 1995 (dont 9 % de 1994 à 1995). La France est avec l'Allemagne en tête des pays producteurs européens, derrière les Etats-Unis et le Japon au plan mondial. Elle est par ailleurs le quatrième exportateur mondial, et présente une balance commerciale excédentaire de l'ordre de 10 milliards de francs. Enfin, près de 13 milliards de francs ont été consacrées en 1994 à la recherche par l'industrie pharmaceutique en France, avec environ 13 000 personnes employées sur cette activité [3].

Palmarès des laboratoires pharmaceutiques en France, en part du marché français des médicaments en 1995

1 — Groupe Rhône-Poulenc (incluant Rhône-Poulenc Rorer et Pasteur Mérieux Sérums et Vaccins)	9,8 %
2 — Groupe Hoechst-Roussel (incluant Hoechst et Roussel Uclaf, hors Marion non intégré en 1995)	5,3 %
3 — Groupe Bristol Myers Squibb (incluant BMS et Upsa)	4,6 %
4 — Sanofi	4,5 %
5 — Servier	4,1 %
6 — Smithkline Beecham	3,9 %
7 — Glaxo-Wellcome	3,6 %
8 — Groupe L'Oréal (incluant Synthelabo, Galderma et Roche Posay)	3,5 %
9 — Groupe Roche (incluant Roche-Syntex, Roche-Nicholas, Soekami Lefrancq et Serdex)	3,5 %
10 — Pierre Fabre	2,8 %
11 — Merck & Co	2,6 %
12 — Groupe American Home Products (incluant Wyeth Léderlé et Whitehall)	2,2 %
13 — Beaufour-Ipsen	2,1 %
14 — Groupe Sandoz (incluant Sandoz et Monal)	2,0 %
15 — Johnson & Johnson (lab. Janssen-Cilag)	2,0 %
16 — Groupe Ciba (incluant Ciba-Geigy, Zyma, Faure et Ciba Vision)	1,9 %
17 — Astra	1,8 %
18 — Groupe Fournier (incluant Fournier, Débat et Urgo)	1,8 %
19 — Eli Lilly	1,8 %
20 — Zeneca	1,4 %

Marché total = marché remboursable ville + hôpital (81 milliards de Francs) + marché ville non remboursable (7 milliards de Francs) = 88 milliards de Francs (prix fabricants) — source Ministère de l'Industrie.
Les 10 premiers groupes au palmarès des ventes ne représentent encore qu'environ 46 % du marché.

[3] Source *SNIP.*

Le développement de l'industrie pharmaceutique française s'est accompagné de la formation de grandes régions pharmaceutiques, dotées d'une main d'œuvre et de services qualifiés : l'Ile de France, Rhône-Alpes, l'Alsace, et plus récemment le Centre et la Normandie. Les PME ou entreprises à capitaux familiaux sont fortement enracinées et jouent un rôle économique important pour certains bassins d'emplois : Pierre Fabre à Castres et dans le Sud Ouest, Servier à Orléans, Fournier à Dijon, Upsa à Agen, etc.

Une industrie fragile

Mais la situation décrite est fragile. Ajoutés aux faiblesses structurelles de l'industrie pharmaceutique à capitaux français, les efforts récurrents d'équilibrage des finances de la Sécurité Sociale pourraient avoir des conséquences majeures.

■ Après des années de concentration, **le tissu industriel d'entreprises à capitaux français est encore très dispersé** avec près de 150 petits laboratoires traditionnels aux produits vieillissants, et une trentaine de groupes familiaux souvent fragilisés par les perspectives de successions : Servier, Pierre Fabre, Fournier, Beaufour, etc. Seuls trois groupes français sont d'ores et déjà de stature mondiale, Rhône-Poulenc Rorer (filiale du groupe chimique Rhône-Poulenc qui possède également l'un des trois leaders mondiaux des vaccins, Pasteur Mérieux Sérums et Vaccins), Sanofi (filiale du groupe Elf) et Synthelabo (filiale du groupe L'Oréal), mais encore ne sont-ils respectivement qu'à la 11e place du classement mondial, autour de la 25e, et au delà de la 30e.

■ **La pénétration étrangère est importante** et en croissance avec une forte présence américaine (20,7 % en 1995), allemande (13,3 %), anglaise (8,9 %) et suisse (7,1 %). L'industrie pharmaceutique française compte ainsi une soixantaine de filiales de groupes étrangers, employant près de la moitié de l'effectif industriel pharmaceutique. Plusieurs laboratoires d'origine française sont aujourd'hui propriété de groupes étrangers : Roussel-Uclaf, Upsa, Lipha... La France, par la taille de son marché notamment, est sans doute avec le Royaume-Uni l'un des pays européens les plus attractifs pour les investissements des firmes pharmaceutiques internationales.

■ Malgré la croissance soutenue des dernières décennies, l'industrie pharmaceutique à capitaux français a moins progressé que ses concurrentes étrangères, et **ses capacités d'innovation sont aujourd'hui nettement insuffisantes** (cf. p. 46). Ce déclin s'explique essentiellement par deux raisons. D'une part, les transferts entre la recherche publique et privée restent difficiles en France, au niveau des projets de recherche comme des hommes. Les créations d'entreprises de pointe issues de laboratoires de recherche restent rares. D'autre part, une admission au remboursement longtemps aisée conjuguée à un quasi blocage des prix pour les produits existants avec possibilité de prix plus élevés pour de nouveaux produits, même présentant une faible innovation, ont induit des stratégies industrielles inadaptées à la compétition internationale et une rentabilité des entreprises françaises inférieure à celle de leurs concurrents.

■ **Les ressources financières** des entreprises françaises sont en effet insuffisantes. La rentabilité après impôt des entreprises à capitaux français avoisine 5 % par an, alors que leurs concurrentes américaines et anglaises affichent des résultats supérieurs à 15 %, ce qui limite les possibilités d'investissements de recherche et de croissance externe.

■ **Dans le domaine des biotechnologies en particulier, la situation française reste problématique.** Quelques succès français — Genset, Transgene notamment — ne doivent pas masquer le faible nombre de petites entreprises spécialisées en biotechnologies, ni la difficulté à faire naître un projet industriel, notamment à partir de recherches publiques.

■ Les entreprises françaises étaient jusqu'aux années 1990 largement **dépendantes du marché français** et des pays francophones. Depuis, les groupes ont fortement investi à l'étranger (achat de Rorer puis de Fisons par Rhône-Poulenc, de Winthrop par Sanofi, par exemple). Les entreprises moyennes ont développé également leurs partenariats internationaux, par des acquisitions ou des accords de développement. L'Europe représentait en 1995 environ 51 % des exportations. Mais l'excédent de la balance commerciale en médicaments ne doit pas cacher le solde négatif du flux des principes actifs à usage pharmaceutique, de l'ordre de -3 milliards de Francs.

■ Tirant parti du décloisonnement du marché européen et d'impératifs financiers, **les groupes internationaux restructurent, un à un, à l'échelle européenne, leur outil de production (encore surcapacitaire) et de recherche**. Ce mouvement est accéléré par l'effet des fusions/acquisitions récentes et à venir. Chez les laboratoires à capitaux français, de grandes manœuvres s'annoncent autour de Sanofi, Synthélabo, Pierre Fabre, Servier... Jusqu'alors plutôt épargnée, la France n'évite plus, depuis 1995, les fermetures de sites. Les emplois de production, d'administration, mais aussi de recherche sont frappés. En parallèle, le recours à la sous-traitance se développe.

■ La transformation des modes de promotion, la pression des pouvoirs publics à la baisse sur les dépenses de promotion (15,5 % du CA France en 1994), les outils d'optimisation de la visite médicale, ne pourront, à moyen terme, que **poser la question de l'évolution de la visite médicale.** En

1993, la visite médicale occupait 22,5 % de l'effectif des laboratoirespharmaceutiques [4] (soit environ 15 000 personnes), auxquels doivent être ajoutés les réseaux de prestataires de services.

Le contexte administratif et économique du médicament s'est profondément modifié ces dernières années. Dans le même temps, de nombreux laboratoires français ont entrepris leur propre évolution interne, renforçant notamment leur effort de recherche. Les plus grands se sont résolument tournés vers une recherche de molécules innovantes et susceptibles d'être internationalisées, sur un nombre volontairement restreint d'axes thérapeutiques majeurs. Plusieurs PME ont adopté une politique de niche plus conforme à leurs moyens et à leurs perspectives de partenariats. Certaines PME sont clairement leaders sur leur domaine de spécialité : Chauvin dans l'ophtalmologie, Guerbet dans les produits de radiologie, Boiron dans l'homéopathie, Arkopharma dans la phytothérapie par exemple. Mais toutes les entreprises françaises n'ont pas fait preuve d'un tel dynamisme.

La concurrence se durcit

Le marché pharmaceutique relativement préservé qu'ont connu les entreprises françaises voit poindre une concurrence très dure. Le plan de réforme de la Sécurité Sociale lancé en novembre 1995 accélère ce mouvement et va contribuer à l'évolution du tissu industriel français. Outre une contribution exceptionnelle de 2,5 milliards de francs (soit environ la moitié du bénéfice net du secteur en 1995) à la charge des laboratoires français, trois impacts sont à relever :

- La croissance des marchés du médicament en France va se ralentir : **encadrement de la croissance** des dépenses de médecine de ville, après des années de croissance moyenne supérieure à 6 % ; objectif de croissance des budgets hospitaliers fortement réduit ; mesures de suivi et de contrôle de l'activité de prescription, tant en ville qu'à l'hôpital.
- Le marché des **médicaments génériques** va se développer. La concurrence par les prix aura un effet indiscutable sur la rentabilité et sur les parts de marché des laboratoires français.
- Sur le moyen terme, l'arrivée, pour les soins de pathologies prioritaires, de médicaments innovants issus le plus souvent de laboratoires étrangers ne pourra que conduire à **s'interroger sur le maintien au remboursement des produits vieillissants ou moins prioritaires**. A moins d'un développement de l'**automédication**, soutenu par les pouvoirs publics, de nombreux laboratoires français seront menacés.

[4] Source *SNIP « Industrie Pharmaceutique, ses réalités » 1996.*

La distribution pharmaceutique en France

Circuit de distribution du médicament
(1995, source Chambre Syndicale de la Répartition Pharmaceutique)

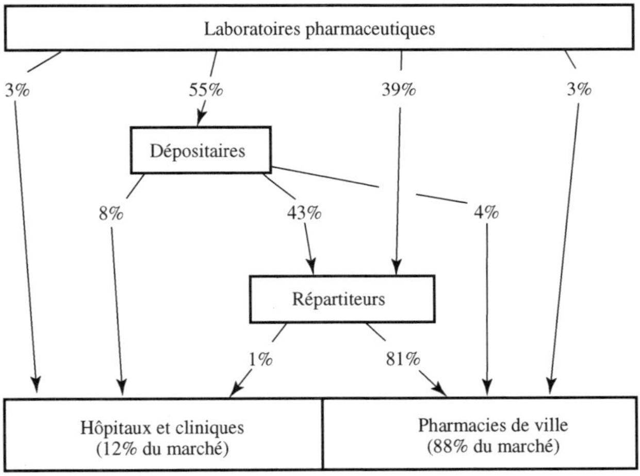

Les répartiteurs

La répartition est une activité proche de l'industrie par ses méthodes de travail et par la taille de ses entreprises. Chaque établissement gère en permanence près de 20 000 références de médicaments et de parapharmacie, et assure une fonction de stockage-distribution pour les pharmacies de sa région : après échange téléphonique ou télétransmission de commande, les officines sont livrées deux à quatre fois par jour.

Les conditions économiques d'exercice de la profession sont réglementées (cf. p. 126). La rémunération du répartiteur est arrêtée à un pourcentage fixe du prix fabricant hors taxes et représentait en moyenne, en 1995, environ 4,3 % du prix public d'un médicament.

La distribution française est efficace et peu onéreuse. Mais sa rentabilité reste faible en comparaison de celle de ses concurrents européens, ce qui ne la met pas en bonne posture pour affronter l'intégration européenne et la concurrence accrue au sein de la profession. Sur la soixantaine d'entreprises de répartition à la fin des années 1960, il n'en restait plus en 1995 en France métropolitaine que 17, dont 13 appartiennent à trois grands groupes implantés partout en France : OCP, filiale du groupe allemand Gehe (premier grossiste européen) depuis 1993, Alliance Santé, et le réseau de coopératives CERP couvrent près de 97 % du marché. 216 établissements occupent environ 16 000 personnes [5].

Les dépositaires ; la vente directe, source de tensions dans le secteur de la distribution

On compte en France une vingtaine de dépositaires pharmaceutiques, totalisant environ 2 000 emplois. Certains sont filiales de groupes pharmaceutiques, ce qui ne les empêche pas parfois de servir de multiples clients. Les dépositaires jouent un rôle clé dans le service qu'ils apportent immédiatement en aval de la fabrication, en déchargeant le producteur de la responsabilité du stockage et de la distribution.

La vente directe du laboratoire ou de son dépositaire à l'officine se développe et représentait environ 8 % des ventes en 1995. Si ce canal de distribution peut se justifier sur la parapharmacie et les médicaments à prix libres, où les logiques commerciales sont différentes, il représente pour les répartiteurs une réelle menace économique sur les médicaments remboursés : en « écrémant » l'activité de distribution rentable (médicaments chers ou à forte rotation) à leur profit, les laboratoires ou leurs dépositaires laissent aux répartiteurs les obligations de service public sur les produits moins rentables. Les répartiteurs cherchent alors à contre-attaquer par une offre plus complète aux pharmacies : conseil en aménagement de l'officine, supports de promotion, conditions financières...

L'Europe de la distribution : nouvelles menaces, nouvelles opportunités

La construction progressive du marché européen du médicament conduit la répartition pharmaceutique, encore fortement dispersée, à s'organiser à l'instar de l'industrie pharmaceutique. Intégrations horizontales, création d'alliances européennes, ou encore intégrations verticales distribution/chaînes de vente comme Boots ou Lloyds au Royaume Uni, sont des stratégies en vigueur.

Face à une concurrence sévère, à l'intégration en amont des producteurs et aux stratégies de groupements d'achats des clients pharmaciens, les distributeurs cherchent des voies nouvelles pour préserver leurs marges : gains de productivité, intégration d'activités de services à l'officine, développement de l'activité de conditionnement de produits semi-finis (comme cela se pratique déjà en Italie ou aux Pays-Bas) ou d'enregistrement de produits pour le compte de laboratoires étrangers. Certains

---

[5] Source *Chambre Syndicale de la Répartition Pharmaceutique (CSRP).*

s'orientent même vers la vente d'une gamme propre de médicaments génériques ou la distribution de matériel médicaux. L'exploitation des différences de prix entre pays européens génère une activité nouvelle de commerce parallèle pour certains grossistes (cf. p. 145).

L'officine pharmaceutique : une activité de petite entreprise

La dispensation des médicaments en officine de ville est une activité importante pour l'économie du pays : 22 380 officines représentant environ 6,5 % des entreprises du commerce de détail et près de 112 000 emplois début 1994 ; un chiffre d'affaires de l'ordre de 130 milliards de francs, soit 5,8 millions de Francs en moyenne par entreprise [6]. Les neuf dixièmes des pharmacies emploient entre 2 et 9 salariés, les grosses officines (plus de 6 salariés) réalisant la moitié du chiffre d'affaires total de la profession [7]. Ces chiffres ne reflètent pas l'ampleur des disparités qui peuvent exister entre le pharmacien de commune rurale et la grande pharmacie de centre commercial [8].

Le monopole pharmaceutique français est assorti d'un encadrement de la marge sur les médicaments remboursables par la Sécurité Sociale, soit 80 % environ du CA moyen d'une officine. Après un triplement de l'activité des pharmacies entre 1977 et 1985, la mise en place d'une « marge dégressive lissée » (cf. p. 126) s'est logiquement traduite par une baisse du résultat des officines. Si l'évolution des rémunérations a été particulièrement préjudiciable pour les pharmaciens récemment installés et qui s'étaient fortement endettés, l'officine connaît toutefois en moyenne une situation financière encore saine.

Comment concilier les contraintes économiques et réglementaires de l'activité officinale avec la gestion d'une petite entreprise ? La tentation est grande d'écarter les grands principes déontologiques et de diversifier l'activité. La vente des produits « hors monopole » représente 12 % du CA moyen d'une officine en 1994 (avec des variations selon la taille et la localisation de l'officine), 7 à 8 % provenant de produits de dermopharmacie et cosmétique. Ce montant, encore faible en valeur absolue, contribue plus largement à la marge globale de l'officine du fait de la liberté des prix. De même, le médicament non remboursé, dont le prix est libre, permet de dégager une marge supérieure à celle des médicaments remboursés.

---

[6] Source *Le Moniteur des pharmacies.*

[7] Source *INSEE.*

[8] *A noter l'existence de 73 pharmacies des sociétés de secours minières et de 72 pharmacies appartenant à des mutuelles (en 1994).*

La diversification de l'activité du pharmacien vers la santé générale ou l'esthétique, conduit à la logique de concurrence, entre officines (prohibée par le code de déontologie), ainsi qu'avec les espaces de parapharmacie en grandes surfaces ou dans des chaînes spécialisées. Dans ce contexte, l'Ordre des Pharmaciens rappelle l'importance d'une gestion rigoureuse de l'activité première de l'officine, la délivrance du médicament, et du rôle de conseil sanitaire du pharmacien.

De nouveaux défis pour l'officine

Le modèle officinal français n'est pas le seul possible et les cas anglais ou belges de chaînes, qui réalisent des économies importantes grâce aux achats groupés, méritent attention. Mais une adaptation à la France supposerait une réforme du principe d'indivisibilité entre propriété et exploitation. Pour l'instant, sous la pression économique, seules des centrales d'achats ont vu le jour. 39 % des pharmaciens français adhéraient en 1995 à un groupement d'achat [9], dont l'activité peut aller de la simple négociation de prix avec les fournisseurs, à la création de produits de marque.

Par ailleurs, la vente de médicament par correspondance se développe rapidement aux USA, en particulier pour les pathologies de longue durée, au service des personnes âgées ou invalides. Impossible aujourd'hui en France, cette activité, certainement utile et cohérente avec les politiques de maintien des malades à domicile, pourrait toutefois prendre la forme du portage à domicile par le pharmacien moyennant une rémunération à fixer, voire par la poste.

Enfin la sortie progressive de plusieurs produits coûteux et innovants d'une réserve de délivrance hospitalière, l'essor attendu de l'automédication, le développement des nombreuses gammes de médicaments génériques, la délivrance des traitements de sevrage des toxicomanes vont renforcer le rôle « d'officier de santé publique » du pharmacien.

Les politiques industrielles

A divers degré, les pays industriels mènent tous une politique permettant à la fois d'encourager la recherche médicale et pharmaceutique, d'assurer le développement d'une industrie pharmaceutique nationale, et d'attirer les investissements étrangers.

[9] *Réf. EUROSTAF : « La logistique de distribution des produits pharmaceutiques ».*

Le soutien à la science et la technologie

Tous les pays industriels, même les plus libéraux, apportent un soutien financier public à la science et à la technologie, avec une ampleur et des formes variables, compte tenu du coût de la R&D.

■ **Le financement d'organismes publics de recherche fondamentale** contribue, entre autres, indirectement, à alimenter la recherche des entreprises. La plupart des pays industrialisés ont apporté un large soutien direct à la recherche fondamentale, et en particulier à la recherche en biotechnologie. Mais de l'interpénétration entre recherche publique et recherche industrielle — seule capable d'assurer le développement d'un médicament — dépend le succès de l'industrie pharmaceutique d'un pays. Alors que le National Institute of Health des Etats-Unis y réussit remarquablement**, c'est là où le bât blesse en France.**

La recherche publique en France

Les domaines des sciences médicales et de la vie sont abordés par plusieurs organismes publics de recherche fondamentale en France.

— Avec un budget de l'ordre de 2,3 milliards de Francs en 1995, l'INSERM, Institut National de la Santé et de la Recherche Médicale, emploie plus de 4000 chercheurs au sein d'environ 250 unités de recherche.

— Le CNRS intéresse l'industrie pharmaceutique par ses départements de recherche en sciences de la vie (budget d'environ 3,2 milliards de Francs en 1995) et en chimie (budget d'environ 2 milliards de Francs en 1995). Quelques unités mixtes ont été constituées avec des groupes pharmaceutiques, et plusieurs conventions de recherche de long ou de court terme permettent une collaboration avec l'industrie.

— Le CEA, Commissariat à l'Energie Atomique, possède un département des sciences du vivant d'un budget voisin de 0,4 milliards de Francs, dont les compétences en radiobiologie, et ingénierie des protéines intéressent les industries du médicament et du diagnostic.

— L'Institut Pasteur, fondation privée reconnue d'utilité publique, bénéficie à hauteur d'environ 40 % de son budget de subventions de l'Etat (de l'ordre de 400 MF). Outre des accords de partenariat avec Sanofi Diagnostic Pasteur et Pasteur Mérieux Sérums et Vaccins, l'Institut Pasteur s'inscrit à la charnière entre la recherche publique et privée sur ses domaines d'excellence : bactériologie, virologie, immunologie, biologie moléculaire...

D'autres organismes publics peuvent également travailler avec l'industrie pharmaceutique : l'INRA (Institut National de la Recherche Agronomique) dans les domaines de la nutrition et des biotechnologies, l'ORSTOM (Organisme de Recherche Scientifique et Technique d'Outre-Mer) pour ses recherches en épidémiologie, l'IFREMER (Institut Français d'Exploitation de la Mer) pour la valorisation médicale de ressources de la mer. L'Agence National de Recherche sur le Sida (ANRS) finance également des projets de recherche industrielle. Enfin, les universités collaborent avec l'industrie pharmaceutique, ainsi que les hôpitaux via notamment quelques projets du programme hospitalier de recherche clinique (80 MF environ en 1995).

■ La France connaît **un environnement de développement** des PME innovantes peu favorable. Les « start up », PME fortement innovantes et en croissance rapide (en biotechnologies notamment) n'y rencontrent pas suffisamment d'investisseurs financiers pouvant les accompagner dans leur développement, notamment à cause des durées d'immobilisation des placements requises par les caractéristiques du secteur. L'absence de marché d'échange boursier rend la sortie d'investissement encore plus difficile. Le succès du NASDAQ [10] aux Etats-Unis a conduit à la création en France d'un « Nouveau Marché » boursier analogue début 1996, et au lancement annoncé d'autres systèmes de ce type en Europe. Quelques initiatives publiques ont été prises pour aider les sociétés de capital-risque à créer et développer les PME spécialisées, mais restent à ce stade insuffisantes pour soutenir efficacement le développement du secteur pharmaceutique.

■ **Le soutien direct aux entreprises** a surtout un rôle incitatif. Certes nettement moins important que dans les secteurs de l'aéronautique ou de l'électronique, il n'est pas négligeable pour autant dans la pharmacie. En France, le Crédit d'Impôt Recherche [11] a pour premier secteur bénéficiaire l'industrie pharmaceutique, qui, d'une année sur l'autre, bénéficie d'environ 10 % des déductions fiscales afférentes (soit entre 300 MF et 400 MF) [12]. Les procédures d'aide à la recherche industrielle ou à l'innovation du Ministère de la Recherche, du Ministère de l'Industrie, de l'ANVAR (Agence Nationale de Valorisation de la Recherche) et de grands programmes interministériels sur le domaine des biotechnologies ou de la chimie, subventionnent à hauteur de 100 à 200 MF par an divers projets d'entreprises pharmaceutiques.

Ces systèmes d'aide à la recherche industrielle, généraux ou parfois spécifiques au secteur de la santé, sont courants. Les USA et le Japon ont notamment mis en place des procédures d'aides aux médicaments orphelins qui, par des crédits d'impôt, des subventions et une exclusivité commerciale garantie, ont largement soutenu la mise au point de produits orphelins mais aussi de succès commerciaux comme l'AZT, l'interféron ou l'hormone de croissance. Le Crédit Impôt Recherche existe sous des formes voisines du système français aux USA, au Canada ou en Espagne.

---

[10] *NASDAQ (National Association of Securities Dealers Automated Quotations) : marché boursier américain des valeurs de forte croissance.*

[11] *Mesure fiscale permettant, schématiquement, de déduire de ses impôts 50 % de l'accroissement annuel de son budget de R&D.*

[12] Source *Ministère de la Recherche, Ministère de l'Industrie. Les budgets de recherche des grands groupes se stabilisent, et le bénéfice qu'ils peuvent récupérer d'un crédit d'impôt recherche calculé sur un accroissement va donc en s'amenuisant.*

■ **L'Union Européenne** contribue fortement au soutien de la recherche. Le quatrième programme cadre de R&D (1994-1999) comprend deux programmes intéressant le médicament : BIOMED (Biomédecine et Santé, doté de 336 millions d'Ecus) et BIOTECH (sur les sciences et technologies du vivant, doté de 552 millions d'Ecus). Ces procédures accompagnent la recherche dite « pré-compétitive » (encore peu concurrentielle car suffisamment loin d'une exploitation commerciale), et l'industrie pharmaceutique n'y est donc qu'indirectement impliquée. Toutefois, la Commission Européenne expérimente une nouvelle approche plus appliquée, réunissant industriels, chercheurs et acteurs publics au sein de « task forces », dont l'une recouvre le thème des vaccins et des maladie virales. La spécificité des PME pharmaceutiques, des incitations industrielles au développement des médicaments orphelins (un projet de règlement pourrait déboucher en 1997), constituent également des orientations nouvelles appuyées par une résolution du Conseil Industrie du 28 mars 1996.

La protection de la propriété intellectuelle

La protection de la propriété intellectuelle est un des éléments clés du financement de l'industrie pharmaceutique, car c'est principalement durant sa période d'exclusivité commerciale qu'un produit pharmaceutique peut espérer assurer la rentabilisation du lourd investissement de recherche.

L'histoire du **droit des brevets** varie selon les pays. Certains états n'ont ouvert ce droit pour le médicament que tardivement [13], préférant disposer de recours en cas de négociations difficiles avec des laboratoires disposant de médicaments essentiels en situation de monopole. La France n'a admis un « Brevet Spécial de Médicament » qu'en 1959. La convention sur le brevet européen de Munich de 1973 puis la convention de Luxembourg instituant un brevet communautaire (1975, non encore ratifiée) ont permis l'harmonisation, pour l'essentiel, de la réglementation des brevets en Europe. Des disparités qui existaient au plan international se résorbent en application du volet « propriété industrielle » du GATT [14] : la durée de protection est de 20 ans à partir de la date de demande du brevet, durée en vigueur en Europe et, depuis 1995, aux Etats-Unis (où elle était autrefois de 17 ans à compter de la délivrance du brevet).

Comme il faut très tôt, dans les phases de recherche, déposer un brevet pour éviter de voir la concurrence s'emparer des mêmes molécules, l'AMM n'intervient en général que 8 à 10 ans plus tard. Il ne reste plus

---

[13] *Ou ne reconnaissaient que le brevet de procédé, de portée plus faible, et non le brevet de produit.*

[14] *Accord général sur les tarifs douaniers et le commerce de 1994.*

alors en moyenne que 12 ans de période réelle d'exclusivité sous brevet. Afin de trouver le meilleur compromis entre d'une part l'attente du consommateur en matière de prix, et d'autre part le maintien nécessaire d'une durée d'exploitation commerciale réaliste, les Etats-Unis ont adopté en 1984 le Drug Price Competition and Patent Term Restoration Act qui porte à 14 ans la durée d'exclusivité après AMM du Médicament. En contrepartie, la loi favorise le développement des copies génériques. Depuis 1986, le Japon a également un système de brevet de médicament qui garantit une durée d'exploitation protégée satisfaisante.

Avec la création du **Certificat Complémentaire de Protection** (CCP) et selon la même logique, la France en 1990 puis l'Union Européenne en 1992 ont créé un nouveau titre de propriété industrielle. Les médicaments pour lesquels l'entreprise propriétaire demande un CCP ont une période de protection garantie allant jusqu'à 15 ans après l'obtention de la première AMM dans un pays de l'Union Européenne.

L'Union Européenne a fait du domaine de la propriété intellectuelle un axe essentiel de sa politique industrielle, même s'il reste encore à obtenir une protection satisfaisante des inventions biotechnologiques [15]. L'Union Européenne organise également une autre forme de protection, **la protection administrative des données de l'enregistrement d'un produit** : pour obtenir l'enregistrement d'une copie générique (« essentiellement similaire », cf. p. 106) sans l'accord du propriétaire du produit original et sans être obligé de fournir des essais pharmacologiques, toxicologiques et cliniques, un laboratoire doit attendre 6 ans après l'AMM du produit original (10 ans dans certains états et pour les médicaments enregistrés par la procédure européenne centralisée). Ceci peut être particulièrement intéressant pour protéger de nouvelles indications thérapeutiques d'un médicament tombé, ou en voie de tomber, dans le domaine public.

Le soutien à l'investissement industriel

Si les politiques nationales de prix des médicaments remboursés ont pu longtemps contribuer au financement d'investissements de production des firmes pharmaceutiques, ce sont aujourd'hui les aides directes à l'investissement industriel en général qui ont en partie pris le relais dans de nombreux pays ; de manière beaucoup plus limitée toutefois car, en Europe, la réglementation communautaire interdit tout soutien à l'investissement, sauf exception en ce qui concerne les PME ou sur certaines zones géographiques (Prime à l'Aménagement du Territoire en France, soutien des länder allemands à la construction d'usines, etc).

15 Un projet de directive sur ce sujet devrait faire l'objet d'une décision en 1997.

L'industrie pharmaceutique bénéficie également largement des exonérations fiscales incitant aux investissements industriels : à Porto Rico, en Irlande (faisant de ce pays le royaume de la chimie pharmaceutique), dans les « zones d'entreprises » françaises...

La réglementation sanitaire et la politique de prix ou de remboursement

Enfin, dans le domaine du médicament, la politique industrielle est également (et paradoxalement) liée a la réglementation sanitaire et la politique de prix ou de remboursement. Ces deux éléments sont en effet déterminants pour une industrie nationale. Une procédure d'évaluation d'un médicament exigeante et rigoureuse, conduit à une AMM du meilleur niveau et garantit à une entreprise l'enregistrement rapide, et sans nécessité de développements complémentaires, dans d'autres pays, et donc l'accès à un marché plus large. L'assistance aux entreprises dans la mise au point du plan de développement clinique de leurs médicaments, comme la pratique la FDA pour les produits innovants, est un atout précieux. En sens inverse, une procédure d'évaluation qui accumule les délais ou les contraintes propres au marché national peut fausser la concurrence entre entreprises ou retarder l'accès de médicaments étrangers.

L'accès au remboursement solvabilise aussitôt un marché. Le prix du médicament est bien entendu à la fois un élément clé de sa rentabilité et un tremplin pour l'exportation. Les pratiques nationales de contrôle des prix ou du remboursement ont pu comprendre par le passé, indirectement, des éléments de politique industrielle forts : rémunération indirecte d'investissements de production ou de recherche par des prix plus avantageux, soutien aux entreprises nationales, aides à l'exportation... La Commission Européenne encadre dorénavant les pratiques anti-concurrentielles et le cloisonnement du marché européen dus aux politiques de prix nationales (cf. p. 145). Aujourd'hui les industriels sont en fait davantage intéressés par une politique économique stable qui assure une visibilité de moyen terme. Ils semblent d'ailleurs privilégier, en Europe, le Royaume-Uni et la France pour la localisation de leurs investissements, où respectivement le PPRS (Pharmaceutical Pricing Regulation Scheme) britannique et l'accord cadre français (cf. p. 85 et 136) répondent à cette attente.

LES POLITIQUES ÉCONOMIQUES DU MÉDICAMENT

Les justifications d'une réglementation sanitaire relative à la qualité et à la sécurité du médicament sont évidentes. Les raisons d'une **réglementation** ou d'une **politique économiques du médicament** et singulièrement de sa prise en charge apparaissent moins immédiatement. Elles tiennent à trois éléments essentiels.

• ***Les spécificités du médicament en tant que bien de consommation*** amènent souvent à le classer dans la catégorie des « biens publics ». C'est le cas des vaccinations qui, bien au delà de leurs effets individuels permettent d'éviter la contagion et justifient donc une intervention des pouvoirs publics (obligation, prise en charge des coûts).

Le droit aux soins est par ailleurs garanti à tous les français par le Préambule de la Constitution et l'égalité d'accès aux soins constitue une dimension importante de la politique de résorption des inégalités sociales. Cette prise de conscience a entraîné une prise en charge socialisée de la consommation médicale compte tenu de son coût élevé et, par nécessité, une définition, plus ou moins restrictive, de son champ.

• ***Les imperfections du marché libre de l'assurance*** tiennent à l'ajustement du niveau contractuel des primes à celui des risques individuellement encourus. Dès que la possibilité d'occurrence de la maladie s'accroît, a fortiori lorsque celle-ci est certaine, le niveau des primes atteint des seuils difficilement supportables par les plus pauvres. Les personnes malades, ou qui risquent de l'être (personnes âgées), peuvent être exclues de l'assurance.

En pratique, les considérations de **solidarité** conduisent à une intervention des pouvoirs publics afin de garantir (d'exiger) une couverture d'assurance-maladie la plus large possible (évitant la « sélection des risques ») et la plus efficace (octroyant un niveau de couverture minimal avec des coûts d'accès équitables). Les solutions adoptées couvrent un large spectre, du système « tout Etat » aux modèles laissant place à une concurrence (régulée) entre assureurs :

▪ *Systèmes nationaux de santé intégrés* (National Health Service britannique) financés par l'impôt (Budget National de Santé) garantissant un égal accès aux soins à tous les résidents, dans un système de santé unique, et contrôlant directement la production de soins (système hospitalier public, médecins salariés...).

▪ *Systèmes d'assurance maladie publics obligatoires* : l'Etat délègue à un ou plusieurs régimes d'assurance maladie (à compétence géographique ou professionnelle exclusive, ou mis en concurrence) des pouvoirs variables dans leur gestion (étendue et réglementation du remboursement, relations avec les prestataires de soins...). Les discriminations entre assurés sont en principe évitées : affiliation obligatoire à un régime, égal accès aux soins, système de financement (le plus souvent par cotisations) arrêté par l'Etat avec le souci d'équilibrer les efforts contributifs des assurés.

Les systèmes français ou allemand correspondent à peu près à ce modèle, l'Etat intervenant par ailleurs (de manière variable) pour fixer les paramètres du financement, pour réguler l'offre de soins (par exemple admission du médicament au remboursement, et fixation de son prix, agrément des tarifs d'actes médicaux...)

■ *Recours au marché libre de l'assurance* : celui-ci suppose une intervention correctrice des pouvoirs publics afin d'éviter des phénomènes d'exclusion et garantir couverture universelle et égal accès aux soins. A cette fin, l'Etat peut intervenir directement pour couvrir les besoins de santé des plus démunis et des personnes âgées ou autoriser, voire obliger les assureurs privés à accepter les « mauvais risques ».

• ***Les imperfections du marché des soins et particulièrement des médicaments*** constituent une dernière série de considérations justifiant une intervention régulatrice des pouvoirs publics.

Compte tenu de la protection d'une assurance individuelle ou collective, le coût réel des soins et biens médicaux et pharmaceutiques n'apparaît plus au patient, qui se contente d'acquitter ses primes d'assurance (cotisations), et le cas échéant, la partie de la dépense laissée à sa charge. Par rapport à un marché économique classique, cela peut conduire à des comportements de surconsommation. En pratique, cela conduit à faire peser sur le patient une charge financière accrue (politique de franchise ou de ticket modérateur) afin de rétablir une certaine responsabilisation face à la dépense.

Mais la demande de soins est-elle réellement autonome ? Elle est directement liée à la maladie qui, lorsqu'elle survient, contraint à la consommation médicale. De ce fait, la consommation ne peut pas être un acte rationnel : le malade n'est pas un consommateur éclairé qui pourrait choisir de manière autonome des biens médicaux ou des médicaments, compte tenu de leur utilité et de leur coût. La demande est, en effet, sauf exception, traduite par un médecin qui est seul capable d'établir un diagnostic avisé et de prescrire des soins et des médicaments. La transparence du marché est donc très faible pour le malade.

Déterminants et instruments de régulation du marché pharmaceutique

L'analyse présentée ici propose la distinction de trois fonctions : achat, vente et distribution du médicament. Elle y associe les acteurs du marché pharmaceutique qui en paraissent les facteurs déterminants : prescripteur et patient pour l'achat, industrie et financeurs pour la vente, grossistes et pharmaciens d'officine pour la distribution. Ce modèle n'a d'autre valeur que pédagogique et vise à une présentation claire, sinon exhaustive, des déterminants et des instruments de maîtrise du marché. Une présentation symétrique sera développée plus loin pour les instruments de régulation du marché français.

La fonction « achat » de médicaments : le patient

Les déterminants de la demande

La demande de soins et singulièrement de médicaments est largement déterminée par les besoins de la population. Quatre catégories de facteurs apparaissent particulièrement importantes à l'analyse.

■ *La démographie et la structure par âge de la population*

L'effectif total de la population détermine évidemment la demande de soins. Mais surtout, le vieillissement démographique observé et prévisible dans les pays industrialisés signifie un recours accru au système de soins, car il s'accompagne d'une augmentation de la morbidité [1] et de la dépendance : présence chez les personnes âgées de pathologies multiples, chroniques ou dégénératives. Alors qu'en 1975 13,4 % de la population française étaient âgés de plus de 65 ans, cette proportion était portée à 15 % en 1995 et pourrait atteindre 20 % en 2025.

Les analystes [2] distinguent cependant entre l'influence mécanique du vieillissement de la population sur la masse des dépenses de soins, qui serait relativement faible (inférieure à 10 % de la croissance de 1980 à

[1] *Nombre de malades dans un groupe de population donné pendant un temps déterminé.*

[2] *Voir Launois, Pelc :* vieillissement et consommation médicale – *Solidarité Santé 1988-4.*

Evolution du nombre de boîte de médicaments consommées par personne et par an selon l'âge.

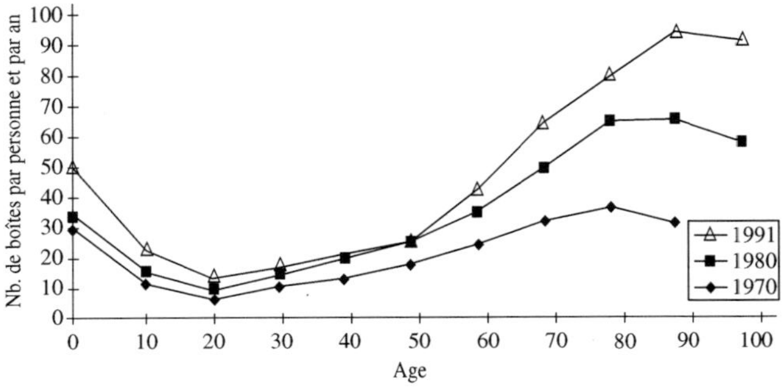

Source : Thérèse Lecomte, « la consommation pharmaceutique en 1991 », CREDES — décembre 1994.

1990 en France) [3], et des phénomènes de génération qui conduisent à tous les âges à une modification (à la hausse) des pratiques de consommation médicale. Les « nouvelles » personnes âgées consomment plus que les anciennes, car appartenant à des générations plus ouvertes à la consommation médicale et pharmaceutique, dès leur jeunesse, et qui bénéficient depuis longtemps d'une couverture sociale.

■ *L'environnement pathologique, physique et social*

La nature des affections dominantes évolue (cf. p. 14). Par ailleurs, plusieurs expertises récentes démontrent l'importance de l'environnement social dans l'état de santé : niveau d'éducation, conditions de vie et de travail, qualité des relations sociales et familiales, facteurs dont on peut également rapprocher l'environnement physique (habitat). Le développement de l'exclusion et de la « nouvelle pauvreté » dès la fin des années 70 sont facteurs d'inégalité d'accès aux soins et de dégradation de l'état de santé. Le chômage et l'exclusion sociale fragilisent et accroissent les risques d'affections graves.

[3] Source *Rapport santé 2010 – Commissariat Général au Plan – Doc Française 1993.*

Causes médicales de décès en France
(1994, source INSERM)

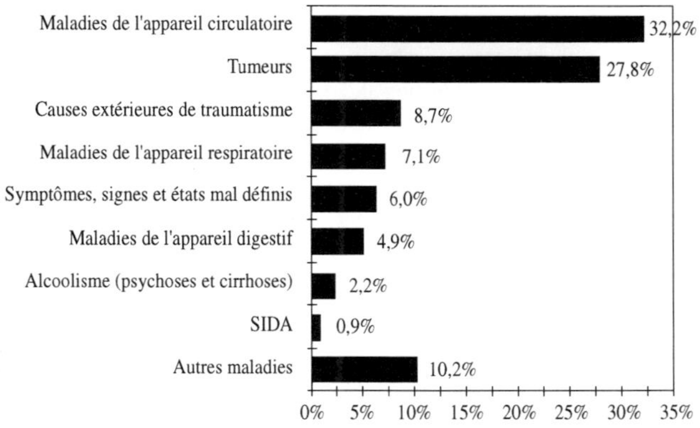

■ *Le niveau de vie et la qualité de la couverture sociale*

Le revenu disponible des ménages est déterminant pour le niveau de la consommation médicale. En termes macro économiques, la croissance de la consommation de soins et biens médicaux depuis les années 60 va de pair avec la généralisation et l'amélioration de la couverture sociale, qui solvabilise la demande, et la progression des revenus, avec un effet de rattrapage par rapport aux besoins de santé insatisfaits.

Encore récemment, un mesure concrète décidée en France illustre cet effet. La prise en charge du traitement des conséquences de la ménopause depuis 1993/1994, en prévention notamment de l'ostéoporose chez la femme âgée, a instantanément développé et solvabilisé la demande de médicaments appropriés qui connaissent aujourd'hui une croissance très forte.

En termes micro économiques, la consommation médicale, malgré l'existence de la couverture sociale, varie en fonction du revenu, ce qui s'explique largement à la fois par une certaine inégalité culturelle d'accès aux soins et à l'assurance maladie elle-même, et par des habitudes de consommation liées au niveau de vie.

■ *La représentation sociale de la maladie*

Celle-ci a considérablement évolué, conduisant à une conception extensive reflétée par la définition, particulièrement large, de la santé donnée par l'OMS : « état complet de bien être physique mental et social, qui ne consiste pas seulement en une absence de maladie ou d'infirmité ».

De l'approche réductrice de Claude Bernard, fondateur de la médecine expérimentale et tenant d'une approche biologique et physiologique de la maladie, on est passé à une conception complexe de la maladie qui prend en compte les problèmes propres de l'individu et admet que le seuil entre normal et pathologique est incertain.

En termes de consommation de soins et biens médicaux, de telles évolutions ne sont pas sans conséquences. Ainsi « des maladies que l'on regroupait sous le même nom il y a encore vingt ou trente ans se sont fragmentées progressivement en entités différentes, affectant parfois seulement quelques familles d'individus, voire une seule » [4] et pourrait-on ajouter, créant de ce fait autant de marchés nouveaux pour les producteurs de soins.

Quant à la qualification sociale de la maladie, elle est éminemment variable et de nature essentiellement culturelle. Ainsi de l'attitude fortement contrastée des femmes et de leurs médecins au Japon et aux Etats-Unis devant les troubles de la ménopause : phase transitoire entre deux équilibres ici, pathologie là. Plus globalement Lucien SFEZ a pu s'interroger [5] sur l'utopie moderne que constitue à ses yeux la « santé parfaite », fragilisant encore la frontière entre besoin de santé et besoin de bien-être. Un droit extensif à la santé serait en train de naître.

Les instruments de régulation de la demande

Trois instruments sont traditionnellement utilisés, qui insèrent le patient dans le système de régulation du marché pharmaceutique : la politique de prévention et d'information des patients, la politique de responsabilisation des assurés sociaux, et les réseaux de soins.

■ *La politique de prévention et d'information des patients*

Pour l'OMS, la prévention est l'ensemble des mesures visant à éviter et à réduire le nombre et la gravité des maladies et des accidents. On distingue traditionnellement trois types de prévention :

— primaire : qui tend à empêcher la survenue même de la maladie ; elle peut s'attacher à limiter l'influence de facteurs généraux non spécifiques à la maladie (action sociale générale, conditions de vie et d'hygiène...) ou s'attaquer à des facteurs pathogènes bien identifiés (vaccination, éducation à la santé, prévention de certains comportements à risques...).

---

[4] Un modèle en morceaux, *C. Sinding ;* Illness disease sickness, *J. Benoist ;* La recherche *n° 281 – novembre 1995.*

[5] *L. Sfez,* La santé parfaite, *Seuil 1995.*

— secondaire : qui tend à la repérer le plus tôt possible (dépistage) pour en modifier le cours,

— tertiaire : qui tend à en limiter les conséquences par les soins prodigués.

■ *La politique de responsabilisation des assurés sociaux*

La mise en œuvre de mécanismes de participation financière des assurés sociaux au financement de la dépense de soins (ou mécanismes de co-paiement) vise à limiter le « risque de comportement » qu'engendrerait une assurance totale, et qui conduirait l'assuré à augmenter la probabilité de survenance du risque et donc sa consommation médicale.

Les enquêtes disponibles ne permettent cependant pas de distinguer clairement entre existence d'un « risque de comportement » et « phénomène d'antisélection » (les personnes conscientes du risque qu'elles courent, compte tenu de leur état de santé, s'assurant mieux).

Pour être efficace, les dispositifs de co-paiement supposent une sensibilité de la demande aux prix (élasticité-prix) qui elle-même exige :

— que la part du financement laissée à la charge du patient ne soit pas reprise par un tiers assureur (mutuelle...)

— que le médecin prescripteur ne « compense » pas la mise en place de ticket modérateur (transfert de prescription sur des biens exonérés de copaiement, obtention d'exonération liée à la personne ou à la maladie...).

En pratique, les politiques de « responsabilisation » des assurés sociaux sont très largement utilisées :

— instauration de ticket modérateur (en France par exemple) ;

— modulation du ticket modérateur en fonction du revenu du malade, laissant à sa charge une part de la dépense qui croît avec celui-ci ;

— modulation du ticket modérateur selon la nature des pathologies traitées ou l'apport thérapeutique du médicament (remboursements aux taux de 35 %, 65 % ou 100 % en France, 0 %, 50 % ou 100 % en Italie [6]) ;

— franchise à la boîte de médicament, variable ou non selon la taille du conditionnement (en Allemagne, la franchise croît avec cette dernière, afin de créer une incitation à la consommation de petits conditionnements, soit un meilleur ajustement des volumes achetés aux quantités nécessaires) ;

— ticket modérateur par ordonnance, avec limite annuelle des versements à la charge du patient. Au-delà du seuil, les médicaments sont pris en charge intégralement (système suédois).

[6] *Un taux de remboursement à 0 % signifie que le médicament n'est pris en charge que pour les* personnes *exonérées du ticket modérateur.*

On peut, au total, s'interroger sur la portée de telles mesures de responsabilisation :

— l'expérience concrète menée en France depuis une vingtaine d'année (cf. p. 113) tend à montrer que les dépenses d'assurance maladie sont dans une certaine mesure modérées, mais seulement de manière temporaire, par l'augmentation des tickets modérateurs ; force est de constater que la succession des plans d'économie en France par exemple conduit, progressivement, à une réduction de la qualité de la couverture sociale proposée ;

— l'extension des couvertures complémentaires maladie rend inopérant en termes d'effet sur la demande, toute augmentation du ticket modérateur, sauf à interdire leur prise en charge ; l'instauration de ticket modérateur d'ordre public est habituelle au Japon et a été tentée, sans succès en France à la fin des années 70 ;

— en termes d'équité, la forte concentration des dépenses de santé (moins d'un dixième de la population française génère plus des deux tiers des dépenses) conduit à des effets pervers. Au demeurant, l'exonération du ticket modérateur pour les personnes atteintes de maladies graves est largement répandue.

■ *L'insertion des patients dans des réseaux de soins* visant à en assurer à la fois la *continuité* et la *coordination*, avec des effets positifs attendus en termes de santé publique et de coûts de prise en charge.

Le système national de santé britannique fait ainsi du médecin généraliste le pivot de l'accès aux soins, celui-ci prescrivant les consultations auprès de médecins spécialisés, ainsi que tous les autres soins ambulatoires, et commandant l'accès à l'hôpital. Dans une toute autre logique, l'accès aux soins au sein des « managed care organisations » américaines qui intègrent médecine préventive, médecine curative de ville et hospitalière est régie par des normes de besoins, plus ou moins strictes. La tenue « intégrée » d'un dossier unique par patient garantit des prescriptions parfaitement adaptées à la situation du malade, limitant en particulier le risque de maladies iatrogènes, ou liées à des incompatibilités médicamenteuses et évitant les redondances de diagnostic ou de prescription.

Enfin, dans une acception plus limitée, la continuité, voire la coordination des soins peuvent être mieux assurées par la tenue d'un « carnet médical » pour chaque patient, permettant de noter les soins et prescriptions prodigués.

La fonction « achat » de médicaments : le médecin prescripteur

Le médecin est le médiateur nécessaire entre la consommation de soins et le patient qui, généralement, ne dispose d'aucune liberté de choix dans le traitement qui lui est proposé. Trois modes de régulation seront envisagés : la gestion de la démographie médicale, la maîtrise qualitative des prescriptions, visant à éliminer celles qui apparaissent médicalement inutiles, enfin la mise en place d'enveloppes financières déterminées de dépenses de soins, instaurant une logique de compensation (ou d'échange) entre maîtrise des dépenses médicales et évolution des honoraires médicaux. Ces trois modes de régulation peuvent être utilisés de concert.

La maîtrise de la démographie médicale

La démographie médicale est traditionnellement analysée comme un déterminant des dépenses de santé. Il est probable que l'accroissement du nombre de médecins, a permis de satisfaire une demande de soins potentielle, désormais solvabilisée. Mais les données statistiques disponibles démontrent que celui-ci va également de pair (sans en être à l'évidence la cause exclusive) avec un recours accru aux consultations et un développement de la prescription de médicaments. La concurrence entre médecins n'est sans doute pas, non plus, sans influence sur le comportement de prescription.

La gestion de la démographie médicale utilise classiquement plusieurs instruments :

— régulation du nombre de médecins formés par les universités (numerus clausus), qui peut aller jusqu'à une répartition entre généralistes et spécialistes, voire entre spécialités médicales — ou alternativement, encadrement des possibilités d'ouvrir un cabinet médical ;

— aide à la reconversion vers des modes d'exercice de la médecine qui ne génèrent que peu ou pas de prescriptions : médecine de santé publique, médecine scolaire, médecine du travail ;

— dispositifs d'aide à la cessation d'activité avant la retraite.

Cette régulation « quantitative » de l'offre médicale s'avère en pratique délicate. En particulier, les politiques de reconversion, qui pour être efficaces devraient porter sur des médecins fortement prescripteurs, sont rarement assez attractives et butent sur l'inappétence pour la médecine de santé publique.

Les politiques de maîtrise qualitative ou médicalisée de la prescription

La liberté institutionnelle de prescription dont jouissent les médecins dépend :

— du champ de la prescription obligatoire et des restrictions qui peuvent être apportées pour des raisons de santé publique à la prescription de certains médicaments,

— du champ du médicament remboursable qui n'encadre pas la liberté de prescription elle-même, mais l'influence assez fortement,

— du caractère plus ou moins contraignant de « guides de prescription » qui peuvent être proposées aux médecins par les « payeurs », publics ou privés, de dépenses de soins.

Quant aux habitudes de prescription et à la connaissance dont dispose le médecin des médicaments et des thérapeutiques médicamenteuses, elles proviennent pour l'essentiel de sa formation initiale et continue. On explique notamment par une attirance vers l'innovation thérapeutique (France, Italie), les différences de consommation médicamenteuse constatées avec plusieurs autres Etats membres des Communautés Européennes. Les habitudes de prescription sont également (surtout ?) liées aux influences multiples dont le prescripteur fait l'objet : publicité du médicament, éléments d'information publics, presse médicale, comportement d'autres médecins, voire la demande des patients.

Les politiques de maîtrise qualitative ou médicalisée de la prescription qui visent à éliminer les soins ou prescriptions jugées médicalement inutiles, connaissent un fort développement, et cela quel que soit le modèle de régulation adopté.

L'**évaluation des pratiques médicales** (cf. p. 41) conduit à l'élaboration de **« recommandations de pratique clinique »**. L'opposabilité de telles normes de prescription, qui pourraient ainsi être l'occasion de sanctionner le médecin en cas d'infraction, est beaucoup plus délicate. Les « guidelines » édictées dans le cadre des « Health maintenance organisation » aux Etats-Unis peuvent être opposables, et la normalisation des processus diagnostiques et thérapeutiques y est parfois très poussée, sous contrôle de systèmes experts. Les Références Médicales Opposables françaises (présentées p. 128) sont sanctionnables, car exprimées en termes d'interdiction d'une attitude de prescription.

Au-delà de l'élaboration de recommandations de pratique clinique, le suivi de leur application, et la connaissance par le praticien de sa propre prescription, supposent la mise en place de **systèmes d'information** efficaces. Le système britannique « Prescribing Analysis and Cost information system » (PACT) de suivi de la prescription pharmaceutique permet une connaissance fine de la pratique de chaque cabinet médical, ainsi qu'une comparaison avec un cabinet théorique ayant, dans la même zone géographique, une structure de clientèle comparable. Ce système d'information performant sert de support au suivi de prescription de chaque médecin, à des actions de formation...

Il parait enfin important que le médecin puisse disposer **d'instruments adaptés de formation et de bonne pratique**. La sensibilisation à la prescription adaptée de médicaments au cours des formations initiales et continue paraît fondamentale, autant que la mise à disposition d'aides de prescription adaptés : documents présentant par grande classe thérapeutique, les médicaments comparables, leurs principales caractéristiques, l'évaluation objective qui en a été faite (délivrance de l'autorisation de mise sur le marché et admission au remboursement, coût de traitement journalier). Au Royaume-Uni, chaque médecin est par exemple destinataire de plusieurs documents d'information thérapeutique fiables (le British national formulary, le Prescribers'journal...).

L'acte de prescription évoluera grandement grâce à **l'informatisation du cabinet médical**, qui reçoit le soutien des pouvoirs publics en France et semble largement avancée aux Pays-Bas et au Royaume-Uni par exemple. L'apport des **logiciels d'aide à la prescription** de médicaments sera déterminant en la matière de même que l'accès à des bases de données sur le médicament. Au Royaume-Uni, aux Etats-Unis, des logiciels sont mis à la disposition des médecins par les assureurs maladie. Une approche informatisée complète de l'acte de prescription suppose toutefois [7] :

— une base de données « patients », rassemblant les informations pertinentes pour la prescription ;

— une base de données « médicaments », parfaitement à jour, présentant leurs propriétés thérapeutiques et leurs caractéristiques de commercialisation (conditionnement, prix, coût de traitement journalier, etc.) et permettant de présenter automatiquement des alternatives ;

— des représentations les plus simples possibles de la prescription médicamenteuse, complétées par des représentations de bonnes pratiques de prescription ;

— des calculs de coût de la prescription ;

— une validation officielle systématique des informations scientifiques et économiques utilisées et une certification publique des logiciels eux-mêmes.

Des politiques de maîtrise médicalisée dans le cadre d'enveloppes financières déterminées

La maîtrise médicalisée de la prescription peut ainsi être plus ou moins contraignante, déclinée sous la forme de normes rigides et sanctionnables, ou simplement incitative. Elle peut également s'insérer dans le cadre de **politiques visant à déterminer des enveloppes de dépenses médicales.**

De ce point de vue, on écartera d'emblée le débat opposant maîtrise médicalisée des dépenses de soins et maîtrise comptable ou budgétaire,

---

[7] La prescription informatisée des médicaments dans l'unité de soins du futur, *A. Venot et al. – Informatique et Santé 1994 (7).*

souvent perçue de manière péjorative ; celui-ci paraît dépassé par la possibilité de maintenir le service médical rendu et satisfaire à l'objectif de dépenses de soins fixé par la collectivité en améliorant la productivité du système de soins (c'est-à-dire en supprimant les actes inutiles médicalement, ou dont le rapport coût-efficacité paraîtrait insuffisant). Cependant, l'épuisement des gisements de productivité évidents (les gaspillages, actes médicaux inutiles, médicaments de faible rapport coût efficacité) posera inévitablement (si la contrainte financière sur les dépenses d'assurance maladie, liée à une croissance ralentie, demeurait, voire se renforçait) la question des priorités collectives de santé et de prise en charge.

En Europe, deux modèles de régulation centrés sur l'activité médicale et sur la prescription méritent d'être signalés.

Au Royaume-Uni, depuis 1991, **les médecins généralistes de cabinets importants** qui le souhaitent **peuvent détenir un budget** pour l'ensemble des soins qu'ils sont susceptibles de prescrire, y compris les prescriptions pharmaceutiques, calculé en fonction des caractéristiques de leur clientèle. Le « general practitioner fund holder » (GPFH) est clairement incité à gérer au mieux son budget de prescriptions pharmaceutiques ou de soins hospitaliers, puisqu'il est autorisé à redéployer les économies réalisées sur un autre poste (aménagement du cabinet, mais aussi offre de nouveaux services, prévention par exemple...) à condition que le patient en soit bénéficiaire.

Les autres médecins se voient accorder des budgets indicatifs dont le non respect n'est pas sanctionnable, mais qui permettent un suivi précis de la prescription sur base mensuelle. Des guides de prescription locaux, voire des listes réduites de médicaments recommandés à la prescription, comprenant des médicaments génériques, sont mis à leur disposition.

A côté de ce mode de régulation incitatif qui rétablit un jeu de marché au sein d'une enveloppe financière publique prédéterminée (le budget du NHS) grâce à une gestion déléguée (déconcentrée) en sous enveloppes multiples, on trouve un modèle **d'encadrement global** des dépenses d'assurance maladie [8]. L'incitation au respect de l'enveloppe peut d'ailleurs largement reposer sur des politiques de maîtrise médicalisée. Mais l'ajustement, en cas de dépassement, s'opérera par baisse de la rémunération des médecins.

La réforme Seehofer mise en place en **Allemagne** en 1993 comporte deux volets complémentaires :

---

[8] *La solution d'une enveloppe globale comprenant l'ensemble des dépenses de soins de ville (honoraires et prescriptions) avait été rejetée en France en 1980.*

— une enveloppe fermée de dépenses d'assurance maladie liées à la prescription de médicaments dont le dépassement conduit à une reprise sur les médecins pour une première tranche, et sur l'industrie pharmaceutique pour une deuxième,

— des budgets indicatifs par médecins, mis en place en 1996 qui permettent, en liaison avec les caisses d'assurance maladie un suivi régulier et une analyse détaillée des prescriptions de médicaments (des comparaisons avec des cabinets similaires sont également fournies).

Des recommandations de prescription conduisent également, dans ce cadre budgétaire, à une adaptation progressive des pratiques thérapeutiques.

La régulation de la fonction « vente » et les relations financeurs — industrie pharmaceutique

L'industrie pharmaceutique, la production et la commercialisation de médicaments

La recherche pharmaceutique, la découverte de nouvelles molécules constituent un facteur essentiel de l'évolution de l'offre de médicaments. Les progrès considérables des thérapeutiques médicamenteuses conduisent à une progression souvent importante de la consommation de médicaments.

Au-delà de la politique de recherche au sens strict, *la stratégie de mise sur le marché* peut guider l'évolution des marchés pharmaceutiques et des dépenses d'assurance maladie. « L'importance et la spécialisation de l'industrie pharmaceutique nationale influencent la consommation » [9]. Ainsi de la commercialisation et de la consommation de médicaments vasodilatateurs en France, dont le marché est beaucoup plus important qu'en Allemagne ou au Royaume-Uni.

Quant à la *politique de promotion* des laboratoires pharmaceutiques, son effet d'entraînement sur la prescription médicale est extrêmement puissant, grâce à quelques média fondamentaux : visite médicale auprès des médecins et remise de documents publicitaires ou d'échantillons, messages dans la presse professionnelle, organisation de colloques et symposium, conviction des leaders d'opinion, participation du médecin à des études de post commercialisation du produit (études dites de phase IV). Le marketing pharmaceutique fait désormais appel à des techniques sophis-

[9] *Lecomte-Paris, CREDES 1994.*

tiquées de ciblage des médecins. Il dispose également d'instruments de suivi des ventes et de la prescription de plus en plus fins, notamment à travers l'étude de panels de médecins. La productivité des techniques de commercialisation pharmaceutiques est en constant progrès et la part de chiffre d'affaires qu'y consacre chaque entreprise ne constitue qu'un indicateur fruste de l'effort consenti.

Enfin, là où la liberté en est laissée aux laboratoires pharmaceutiques, la fixation du *prix de vente des médicaments* constitue un déterminant des dépenses de remboursement. Le marché américain, les marchés allemand et néerlandais jusqu'au début des années 90, le marché britannique dans une certaine mesure ou encore le marché des médicaments hospitaliers en France répondent à des caractéristiques concurrentielles classiques.

Les travaux d'économistes américains ont d'ailleurs permis d'analyser les stratégies de fixation des prix, élevés dans les premières années de vie commerciale des produits (rente temporaire de monopole, permettant un amortissement rapide des dépenses de recherche engagées) puis décroissants afin de décourager la concurrence.

Les financeurs et l'encadrement des conditions de vente [10]

Le rôle spécifique des financeurs consiste le plus souvent à assurer le **choix de priorités à la fois en termes de santé publique et de champ des biens médicaux remboursables.**

La fixation de *priorités de santé publique* peut orienter le développement du marché pharmaceutique. Ainsi le lancement d'une campagne de vaccination contre l'hépatite B par le gouvernement français en 1994 a eu pour conséquence immédiate de placer les vaccins afférents aux premiers rangs des médicaments les plus vendus en France.

Le choix de priorités de santé publique, qui incombe aux pouvoirs publics, pose des questions délicates [11]. La détermination d'objectifs de santé publique prioritaires repose sur l'existence d'un système d'information adapté, description épidémiologique de la population, identification des facteurs de risque sanitaire... Surtout, compte tenu de la contrainte financière qui pèse sur les systèmes d'assurance-maladie, la décision

---

[10] *On se placera d'emblée dans le cadre institutionnel commun à la plupart des Etats de l'Union Européenne, où les pouvoirs publics interviennent systématiquement selon des modalités diverses dans la détermination de l'offre de soins.* Mutatis mutandis *des financeurs privés (marché américain par exemple) peuvent recourir à des techniques d'intervention similaires.*

[11] *A.M. Brocas,* Pour une régulation du système de santé, *Droit social, juin 1995.*

d'affecter un certain niveau de ressources au système de soins, rendue nécessaire sauf à accepter que d'autres dépenses publiques (éventuellement aussi sinon plus rentables en termes de santé pour la population) en pâtissent, ne peut relever que de la représentation nationale qui garantit le caractère démocratique et transparent des décisions à prendre.

C'est par ailleurs l'impératif de *sécurité sanitaire* qui a conduit à édicter des règles de plus en plus strictes de mise sur le marché des médicaments. L'innovation thérapeutique ne peut être mise à la disposition des malades, malgré les pressions fortes parfois exercées, que dans des conditions de sécurité maximales.

Mais au-delà de la fixation positive de priorités de santé par les pouvoirs publics, c'est le plus souvent la contrainte de financement des systèmes d'assurance maladie qui pousse à définir de plus en plus strictement le *périmètre des médicaments pris en charge*. Or la « socialisation » du marché d'un produit détermine largement ses ventes, à l'exception des médicaments conçus d'emblée pour une automédication non remboursée ou convertis à ce marché. C'est, bien entendu, particulièrement vrai pour les médicaments innovants dont le coût, souvent élevé, ne serait pas directement supportable pour une large majorité des patients.

Pratiquement tous les Etats membres de l'Union Européenne (France, Italie, Espagne, Belgique, Allemagne) disposent de **listes positives** de médicaments remboursables. L'inscription sur ces listes dépend le plus souvent de critères liés **à l'intérêt thérapeutique ou « service médical » rendu** des produits, à l'existence d'alternatives, du critère plus flou « d'intérêt social » du médicament, ainsi que, le cas échéant, de ses caractéristiques économiques (rapport coût/bénéfice du médicament, commercialisation de produits identiques moins chers).

D'autres disposent de **listes négatives** de médicaments non pris en charge (Royaume-Uni, Allemagne). La liste britannique a été sensiblement augmentée en 1992 : ne font plus l'objet d'une prise en charge les laxatifs, analgésiques pour les douleurs modérées, les produits contre le rhume, vitamines, antianémiques, antidiarrhéiques... De même en Allemagne, les spécialités réservées aux traitements d'affections sans gravité habituelle sont inscrits sur la liste négative.

La sélection des biens médicaux remboursables peut répondre également à des **méthodologies économiques**. Prenant acte de l'engouement pour les « études médico-économiques » plusieurs Etats (Australie, Ontario, Canada...) ont élaboré des recommandations de présentation et de méthode.

Les principes théoriques de la démarche d'évaluation économique du médicament

(d'après M. Drummond : *les méthodologies de l'évaluation économique des médicaments* — Projections La Santé au Futur, n° 4-1991)

Coûts du traitement	Médicament — Type d'analyse	Résultats du traitement
COÛTS DIRECTS (Coût de traitement médicamenteux ..) +	Etudes COÛTS — BÉNÉFICE [ex : Rapport coût du traitement / coûts évités	BÉNÉFICES OU COÛTS EVITÉS — coûts directs évités + — coûts indirects évités + — coûts intangibles évités [expression financière]
COÛTS INDIRECTS (absentéisme..)	Etudes COÛTS — EFFICACITÉ [ex : Rapport coût du traitement / affection évitée (ou mort évitée..)	EFFETS SUR L'ETAT DE SANTÉ Mesure en « unités naturelles » — Mortalité — Morbidité — Capacité fonctionnelle (échelle objective) [Etudes cliniques/ épidémiologiques ; comparatives]
+ COÛTS INTANGIBLES (souffrance psychologique, douleur..)	Etudes COÛT — UTILITÉ [ex Rapport coût du traitement / année de vie gagnée pondérée par sa qualité	UTILITÉS ou EFFETS APPRÉCIÉS PAR LE PATIENT — Utilité — Effets en « années de vie ajustées par leur qualité » [Enquêtes auprès des patients]

Avec l'hypothèse que la « logique du besoin ne peut répondre à la question fondamentale : à partir de quel seuil l'intervention médicale n'est-elle pas opportune ? » [12], il s'agirait alors de rechercher une cohérence économique dans l'allocation des ressources, en n'admettant au remboursement que les médicaments « inférieurs à un certain coût par décès évité ou année de vie gagnée » (ou même d'années pondérées par la qualité de vie).

---

[12] *J.P. Moatti,* Le temps des choix tragiques, *La recherche, novembre 1995.*

L'Etat américain d'Oregon exclut ainsi du remboursement de son programme MEDICAID, les thérapeutiques les plus chères au regard de ce critère (traitement du Sida par exemple). Outre de sérieux problèmes méthodologiques, de telles procédures de sélection se voient reprocher leur objectif « utilitariste de maximisation (sous contrainte budgétaire) du nombre de vies statistiques sauvées, (qui) ne correspond pas forcément à la réalité des préférences individuelles et collectives » [13]. Les résultats d'études coût-efficacité méthodologiquement irréprochables peuvent aider à hiérarchiser les thérapies disponibles, mais elles ne sauraient, à elles seules, déterminer la décision.

Les modèles de marché concurrentiel

Les relations entre industrie pharmaceutique et financeurs de soins peuvent être organisées au sein d'un **modèle de marché concurrentiel**. La liberté des prix des médicaments y est totale. C'est par exemple le cas, en France, pour les médicaments vendus à l'hôpital (cf. p. 116).

Le « **managed care** » ou « gestion compétitive de la santé », développé aux Etats-Unis en constitue la meilleure illustration. Cette distribution contrôlée des soins et biens médicaux dans l'optique du meilleur rapport coût/efficacité repose sur les principes suivants :

— intégration entre assureurs et réseaux de soins (l'assureur « emploie » des professionnels de santé auxquels les assurés s'adressent, ou contracte avec des cabinets médicaux ou des hôpitaux existant, rémunérant les services rendus aux assurés ; il existe à l'inverse des exemples de réseaux de soins qui offrent un service d'assurance-maladie) ;

— maîtrise du coût des soins grâce au contrôle exercé sur les producteurs de soins (médecins, hôpitaux...) et une meilleure coordination entre eux (filière de soins).

Cette dernière pratique ou « disease management » entend, pour le traitement d'un patient, prendre en compte toute la chaîne de soins (de la prévention à l'hospitalisation), assurer un suivi de long terme et s'appuyer sur des protocoles de prise en charge validés. Le patient est placé au centre du système de régulation ; les professionnels de santé sont fortement coordonnés entre eux pour son traitement et son suivi.

Les **« health maintenance organization »** (HMO) constituent l'organisation emblématique du « managed care » et couvrent aujourd'hui plus d'un américain sur cinq (sur une base professionnelle ou géographique). Par ailleurs, le développement du « managed care » a conduit à la création de sociétés dites **PBM** (Pharmaceutical Benefit Manager, cf. p. 50),

[13] *Op. cité note 12.*

prestataires de services chargés de gérer la dépense pharmaceutique des HMO et même des programmes publics d'assurance maladie, MEDICAID par exemple.

La gestion contrôlée de la dépense de pharmacie conduit les PBM à [14] :

— négocier l'achat des médicaments sur appel d'offres avec les laboratoires pharmaceutiques,

— établir des paniers ou listes de médicaments recommandés aux prescripteurs (« formulaires ») après comparaison et sélection pharmaco-économique, voire obtention de ristournes à l'achat (contrat prix-volumes),

— mettre à disposition des médecins et pharmaciens des outils adaptés d'aide à la prescription ou la délivrance : base de données « prescription médicale », logiciels d'aide à la prescription ou la délivrance de médicaments comportant la liste des spécialités recommandées et suggérant les substitutions possibles,

— développer la vente par correspondance permettant d'abaisser les coûts de distribution ou conclure des contrats de distribution avec des chaînes de pharmaciens d'officine.

Quel que soit son régime d'assurance santé, un américain sur deux devrait bientôt obtenir ses médicaments par l'intermédiaire d'un PBM. Pour les laboratoires pharmaceutiques, l'enjeu est désormais d'en obtenir le référencement de leurs spécialités. Cette sélection par le PBM se traduit inévitablement par une baisse des marges, voire des volumes de ventes.

Les modèles de régulation administrée

Les modèles de régulation administrée de la dépense pharmaceutique se situent dans une toute autre logique. Ils reposent tous sur l'idée que la prise en charge du médicament rendrait sa demande insensible aux prix, et que l'administration du prix de vente est nécessaire à la maîtrise des dépenses d'assurance maladie.

■ *La gestion administrée du prix des médicaments* constitue le premier modèle pur en la matière. Les **critères** habituellement retenus pour la fixation administrative des prix, variables selon les systèmes nationaux, reposent sur :

---

[14] *On atteint ici les limites logiques du modèle pédagogique de présentation adopté : en effet le financeur va au delà de la détermination des conditions générales de la vente des produits pharmaceutiques (champ des ventes prises en charges, prix de vente...), en en fixant tous les paramètres à travers la négociation directe des achats et la régulation fine de l'utilisation des médicaments. Il dicte, ou au moins négocie, les conditions de vente, en devenant acheteur.*

— la comparaison avec les produits existants appartenant à la même classe pharmaco-thérapeutique,

— le prix de référence pratiqué sur quelques grands marchés nationaux [15],

— le classement des produits, après expertise, selon la nature et l'importance de leur intérêt thérapeutique [16],

— les volumes de vente attendus,

— l'analyse du compte d'exploitation de l'entreprise (méthode en voie d'abandon),

— le cas échéant, une zone de liberté tarifaire réservée pour les médicaments génériques.

A côté de ces critères, certains Etats ont mis en place des dispositifs permettant :

— de compenser l'effet désincitatif à la recherche qui pourrait être celui de la fixation administré des prix (au Japon, par exemple, une « prime à l'innovation » récompense des produits d'apport thérapeutique élevé par des prix de 40 à 60 % supérieurs aux produits de la même classe),

— de tenir compte, le cas échéant du potentiel d'exportation des produits issus de développements nationaux (c'est le cas du programme « factor F » australien autorisant des hausses de prix à des produits ayant fait l'objet d'efforts de promotion à l'exportation).

La gestion administrée du prix des médicaments a longtemps dominé en Europe (France, Belgique, Italie, Espagne, Grèce, Luxembourg, Portugal, Irlande) mais fait l'objet de critiques récurrentes notamment pour la fixation des prix des nouveaux produits. Dans ce cas, l'alignement sur la « référence internationale » ferait perdre son sens à la fixation administrée du prix. Un prix sensiblement inférieur générerait des effets pervers en termes d'exportations parallèles (cf. p. 145) et de signaux désincitatifs à l'effort de recherche industriel.

Enfin, les laboratoires pharmaceutiques peuvent chercher à « échapper » au contrôle des prix par des stratégies adaptées : commercialisation de « nouveaux » produits, en fait simples dérivés d'un produit existant, avec une faible amélioration de service médical rendu, mais permettant d'obtenir un prix plus élevé, politique promotionnelle agressive...

---

[15] *En Italie les prix sont fixés par référence au prix moyen du produit dans 4 Etats membres de l'Union Européenne (Royaume-Uni, Allemagne, Espagne, France).*

[16] *A titre d'exemple, le « Patented Medicine Prices Review Board » canadien classe les produits en catégorie 1 (extension de gamme) 2 (apport thérapeutique substantiel) et 3 (peu ou pas d'amélioration).*

■ *La déconnexion entre prix de vente et tarif de remboursement*

Tout en lui conservant une certaine liberté de fixation des prix, **la déconnexion entre prix de vente au public et tarif de prise en charge** fait peser sur l'industrie la charge de l'ajustement. Sur un marché bien informé, soit l'écart de prix avec le tarif sera justifié par la qualité du produit, et la demande, bien que partiellement non socialisée se maintiendra ; soit des produits comparables moins chers seront disponibles et la concurrence conduira naturellement à un alignement des prix sur le tarif de remboursement.

Tel est, en toute hypothèse, l'effet attendu et d'ailleurs largement atteint du « **Festbetrag** » allemand [17], issu de la réforme Seehofer de 1993, qui a conduit à un dispositif de **remboursement forfaitaire par classe thérapeutique**. Un dispositif similaire a également été mis en œuvre aux Pays-Bas. Dans un tel système, la liberté réelle de fixation des prix par l'industriel est fortement réduite.

Les problèmes de mise en œuvre étaient de deux ordres :

— la définition de classes homogènes de médicaments : le Festbetrag a été appliqué successivement à trois catégories de médicaments :

• médicaments composés d'un même principe actif,

• médicaments à principes actifs comparables dans leurs propriétés thérapeutiques,

• médicaments à effets comparables sur le plan pharmaceutique.

L'établissement des groupes de médicaments comparables s'est cependant heurté à des obstacles de méthode ; la moitié des médicaments remboursables est actuellement placée sous le régime du remboursement forfaitaire ; les médicaments innovants sans comparateur ont été laissés hors du système.

— Le prix de référence de la classe peut être fixé en considération du prix moyen pondéré des médicaments regroupés dans une classe (exemple néerlandais) ou éventuellement à un niveau inférieur (exemple allemand).

Les résultats observables en Allemagne et aux Pays-Bas font en outre apparaître certains effets pervers du dispositif : certes les prix des médicaments se sont alignés sur le prix de référence, mais les volumes de vente ont eu tendance à croître et des phénomènes de rattrapage semblent exister (prix élevés des produits hors du dispositif, tendance à la « différenciation » du produit pour le faire échapper à la comparaison, valorisation promotionnelle du produit innovant). L'inconvénient social de la mesure n'a pu être évité (ticket modérateur à la charge de l'assuré pour les

[17] *S. Milano,* L'évolution du marché du médicament en Allemagne, *Solidarité-Santé, juin 1996.*

médicaments dont les prix resteraient supérieurs au prix de référence). Au total, il semble bien que le succès de la politique de déconnexion prix de vente — tarif de remboursement, en termes d'économie pour l'assurance maladie repose largement sur les mesures dont elle s'accompagne : sensibilisation des patients et surtout des médecins à une prescription économe, encadrement financier (enveloppe) de la prescription, mesures de maîtrise médicalisée de la prescription...

■ La gestion administrée de la dépense pharmaceutique peut s'appuyer également sur *l'encadrement de la politique publicitaire* des laboratoires.

Il a été démontré [18] que, dans le système français de régulation de la dépense pharmaceutique, l'effort promotionnel constituait l'élément déterminant de la concurrence et que les prix jouaient peu en la matière, ceci paraissant lié à la nature même de la réglementation des prix.

Dès lors, dans une logique de maîtrise des dépenses d'assurance maladie, il parait nécessaire d'encadrer l'effort publicitaire des entreprises, qui détermine largement les volumes de ventes. Ces mesures, qui vont au-delà de la régulation déontologique de la publicité (cf. p. 37) sont de plusieurs ordres :

— taxation de l'effort promotionnel, en France,

— encadrement des dépenses de publicité par convention avec les laboratoires au Royaume-Uni et en France.

Les modèles de régulation contractuelle

Dans un *cadre conventionnel* (version contractuelle de la fixation des prix par les pouvoirs publics), les critères de fixation des prix peuvent être élargis et tenir en particulier compte des volumes de vente médicalement justifiés prévus par l'entreprise. De même, la programmation des évolutions de prix sur plusieurs années peut constituer un avantage important pour les entreprises. Enfin, une négociation menée entreprise par entreprise, et non produit par produit, peut offrir des marges de redéploiement (en particulier pour la revalorisation des prix de produits anciens) et une appréhension globale des efforts de l'entreprise pour respecter des objectifs de maîtrise des dépenses de soins (politique promotionnelle en particulier). Il peut donc s'agir d'une évolution sensible par rapport à l'administration traditionnelle des prix. La France emprunte une telle voie depuis 1994 (cf. p. 136).

Dans le contexte d'une administration « at arm's length », les relations pluriannuelles conventionnelles pouvoirs publics-entreprises peuvent dé-

---

[18] *C. Le Pen,* Réglementation des prix et formes de la concurrence dans l'industrie pharmaceutique, *Revue économique, novembre 1988.*

boucher sur un *encadrement de la rentabilité des firmes*, conduisant en cas d'excès en ce domaine soit à des restitutions (ristournes) aux pouvoirs publics, soit à des baisses de prix. *La spécificité de ce modèle développé au Royaume-uni sous le nom de PPRS (Pharmaceutical price regulation scheme)* le rend difficilement transposable ailleurs. Il repose en particulier sur :

— une liberté de fixation des prix de vente par les entreprises [19], tant que ceux-ci ne génèrent pas une rentabilité excessive ; les laboratoires sont conduits à arbitrer entre plusieurs types de dépenses (salaires, investissements...) en fonction du taux de profit autorisé [20] ;

— une grande transparence des entreprises : les bases de calcul du « taux de retour sur capitaux engagés » doivent être fiables ;

— une souplesse d'appréciation : la « zone grise » autour du taux maximum de profit autorisé est large, et l'application des sanctions négociée ;

— un encadrement assez strict de certains postes de dépenses que le NHS accepte de prendre en charge : les dépenses de promotion sont plafonnées, les dépenses de recherche et développement sont négociées ;

— un contexte administratif favorable (le NHS nourrit de véritables relations d'affaires avec les entreprises) et une politique de maîtrise des dépenses de soins par ailleurs stricte.

Les modèles de régulation des dépenses pharmaceutiques par enveloppe financière

La régulation des dépenses pharmaceutiques par enveloppe financière avec établissement d'une relation avec les bénéfices ou le chiffre d'affaires de l'industrie repose sur l'hypothèse que les laboratoires pharmaceutiques ont une responsabilité dans l'évolution des dépenses de médicaments (notamment par le biais de la publicité). Elle peut être gérée comme une sous enveloppe des dépenses de soins de ville (à côté d'une sous enveloppe médecins...) ou constituer un dispositif autonome.

Un projet de loi déposé en France en 1991 proposait la mise en place d'un dispositif autonome de ristourne à l'assurance maladie en cas de dépassement de l'enveloppe. Ce dispositif a fait l'objet de vives critiques de la part de l'industrie qui y voyait un encadrement trop strict de son activité ; le Gouvernement de l'époque n'a pas souhaité en poursuivre

---

[19] *La liberté des prix vaut pour l'introduction de nouveaux produits sur le marché ; mais les modifications ultérieures sont soumises à l'approbation du NHS.*

[20] *« Return on Capital Invested » – taux admis compris entre 17 et 21 %.*

l'examen parlementaire engagé. Il est vrai que, contrairement à l'expérience menée en Allemagne, la responsabilité de l'ajustement *ex post* reposait exclusivement sur l'industrie, qui ne détient que certains des leviers de la prescription de médicaments.

Une telle objection n'a cependant pas empêché le gouvernement espagnol de mettre en place pour 1997 et 1998 une enveloppe de dépenses de médicaments de progression limitée. Tout dépassement de l'enveloppe prévisionnelle conduirait à des reversements de la part des laboratoires pharmaceutiques, avec des taux de remise ex post progressifs par tranche, selon l'importance du dépassement.

La fonction distribution de médicaments

Les conditions de rémunération de la distribution

Les conditions de rémunération des distributeurs de médicaments, grossistes-répartiteurs et pharmaciens d'officine ont une influence sur le prix du médicament et donc le coût de prise en charge des produits.

On retrouve logiquement, pour la rémunération des pharmaciens, le clivage entre les systèmes à prix administrés et les autres. Ainsi les pays de l'Europe du sud ont-ils tous opté pour la définition d'une marge, fixe ou dégressive, appliquée au prix de gros du médicament. Le dispositif de marge proportionnelle fixe comporte l'inconvénient d'accentuer au niveau du prix de vente, les mouvements des prix fixés au niveau du fabricant. En outre, il reflète de manière homothétique la déformation de structure de l'ensemble de la consommation (la consommation de produits nouveaux plus chers est substituée à celle de produits anciens de prix moindre). C'est pour pallier cet « effet pervers » qu'a été mise en place une marge dégressive pour les pharmaciens français et allemands. La rémunération en pourcentage décroît alors tranche par tranche, au fur et à mesure que le prix s'élève.

Les pharmaciens britanniques et néerlandais sont pour leur part rémunérés par des honoraires, partiellement ou totalement déconnectés du volume de médicaments délivrés, et en toute hypothèse de leurs prix.

Quant aux grossistes-répartiteurs, ils sont en général rémunérés par une marge fixe, là où les pharmaciens le sont également (à l'exception de l'Irlande et du Luxembourg). En Allemagne, leur marge est plafonnée. Ailleurs les marges sont libres (Pays-Bas et Royaume Uni notamment).

Marges du répartiteur en Europe,
en % du prix pharmacien HT
(source OCP, mars 1995)

— Danemark :	7,8 %
— Grèce :	8,1 %
— France :	9,7 %
(hors contribution représentant entre 0,5 % et 1,5 % du CA)	
— Portugal :	10,0 %
— Italie :	10,66 %
— Espagne :	12,0 %
— Belgique :	12,32 %
— Luxembourg :	12,43 %
— Royaume-Uni :	12,5 %
— Allemagne :	14,0 %
— Pays-Bas :	16,5 %

Les conditions d'exercice de la distribution ; le droit de substitution

Les volumes de ventes ne peuvent être influencés par les distributeurs que dans des conditions très particulières.

Pour les grossistes, les conditions de gestion de la collection de produits peuvent conduire, marginalement, à des inflexions dans les ventes et dépendent essentiellement :

— des obligations qui pèsent sur eux, en termes de détention d'une partie plus ou moins importante des produits et de délivrance des médicaments demandés dans des délais fixés,

— du monopole de la distribution qui peut leur être accordé ou de leur situation concurrentielle.

Pour les *pharmaciens d'officine*, leur influence possible sur les ventes de produits résulte également de la situation de concurrence sur le marché de la distribution, particulièrement pour les produits d'automédication. Pour les produits qui ne peuvent être délivrés que sur présentation d'une ordonnance, le pharmacien peut, s'il bénéficie du *droit de substitution* [21] être le véritable ordonnateur de la dépense de remboursement. Selon que ce droit lui est octroyé ou refusé, selon son étendue et ses modalités d'exercice, le rôle du pharmacien sera éminemment variable. Plus son

[21] *On appelle droit de substitution, la possibilité pour le pharmacien d'officine de remplacer un médicament prescrit par un médicament équivalent.*

droit de substitution est large, plus le pharmacien devient la cible des actions de promotion pharmaceutique.

Le droit de substitution peut être obligatoire, sauf opposition formelle du prescripteur (c'est souvent le cas dans le cadre des HMO américaines) ou facultatif, le médecin ayant également la possibilité de s'opposer à son exercice. Dans une acception plus restrictive, l'autorisation du médecin prescripteur (Allemagne, Pays-Bas ou Danemark par exemple), voire du patient (Espagne) peut être requis. Son champ peut être limité aux médicaments génériques, exactement substituables (c'est le cas souvent en Europe). Il peut enfin être réservé à des situations exceptionnelles (urgence et accord du médecin) : c'est le cas en France.

L'exercice du droit de substitution par les pharmaciens d'officine présente des avantages. Il valorise à l'évidence l'acte de délivrance pharmaceutique. Il est souvent considéré comme un facteur de croissance du marché des médicaments génériques. Il pourrait même permettre au médecin de se concentrer sur l'acte diagnostique, le suivi global du patient, le développement de la prévention...

Mais à l'inverse, d'aucuns y verraient le discrédit du médecin, dépossédé de sa liberté de prescription, le risque de contentieux en responsabilité, d'issue incertaine, en cas d'accident thérapeutique lié à la délivrance d'un produit substitué, ou encore un déport certain de la pression promotionnelle des laboratoires pharmaceutiques sur les pharmaciens. Si certaines de ces craintes paraissent exagérées, au moins trois questions, outre celles liées aux conditions d'ouverture du droit doivent être posées au préalable à toute instauration du droit de substitution :

— quel sera son champ et comment sera-t-il déterminé ? Même limité aux seuls médicaments génériques, ce périmètre de substitution doit être précisément délimité par classes homogènes de produits exactement substituables, et ce par des instances scientifiques qualifiées pour juger de cette « substituabilité » ;

— quel sera le critère de substitution ? Dans les systèmes à prix administrés la substitution ne peut s'opérer qu'au bénéfice d'un produit moins coûteux.

— En quoi le pharmacien est-il intéressé à l'exercice de la substitution ? Au Pays-Bas le gain financier issu de la substitution (différence entre le prix du médicament prescrit et celui du médicament substitué) est partagé entre l'assurance maladie et le pharmacien. Dans les systèmes à prix administrés, « l'intéressement » du pharmacien ne saurait résulter des marges octroyées qui sont toujours inférieures (en valeur absolue) lorsque le prix des médicaments est bas, cas général des médicaments génériques. Dès lors, il est probable qu'un élargissement du droit de substitution ne saurait être envisagé sans une réflexion concomitante sur sa rétribution.

En conclusion...

Y aurait-il, comme le pensent certains analystes [22] une convergence progressive des politiques économiques dans le secteur pharmaceutique ? Il semble effectivement qu'au delà des profondes différences institutionnelles et des caractéristiques propres à chaque système d'assurance-maladie, on assiste à une relative harmonisation des instruments de régulation utilisés :

— à côté des politiques de copaiement traditionnelles, se mettent en place des dispositifs de responsabilisation médicalisée des patients (filières de soins, politiques de prévention...),

— la prescription de médicaments fait le plus souvent l'objet de politiques de maîtrise médicalisée, s'appuyant sur des instruments de bon usage du médicament ; elle s'accompagne désormais d'un encadrement financier global ou individualisé par médecin (avec le cas échéant des dispositifs du reversement financier à leur charge) ; ceci n'exonère pas l'industrie elle-même d'une responsabilité qui peut être directement mise en cause.

Globalement les politiques de demande connaissent un fort développement. Les politiques d'offre en sont-elles pour autant abandonnées ? Plutôt que d'un désintérêt à leur égard, on peut évoquer une certaine réorientation :

— la sélection des médicaments remboursables devient de plus en plus sévère, replacée dans un contexte de fixation de priorités collectives de prise en charge des soins ;

— les politiques de prix administrés sont parfois assouplies, mais les systèmes à prix libres ne subsistent guère sans contrepoids puissants.

La convergence semble bien s'opérer quant au rôle dévolu au financeur (assureur privé, assurance maladie ou pouvoirs publics selon les cas). Le modèle « administratif » classique (fixation de la liste des médicaments remboursables et des prix de vente) paraît s'affaiblir, à la fois rigide dans ses modalités, et d'une efficacité remise en cause. Un modèle nouveau paraît émerger : modalités assouplies de relations avec les industriels, mais effets souvent puissants liés à un rôle de quasi-acheteur (inscription sélective sur la liste des médicaments « achetés », négociation des prix et des volumes achetés).

Il semble que l'exemple de la politique menée en France soit bien conforme à ces tendances générales.

---

[22] *C. Le Pen,* Deux essais sur l'économie politique de l'industrie pharmaceutique, *Cahiers du CERESA n° 3 1995.*

Les politiques économiques du médicament

	Allemagne	**France**	**Royaume-Uni**	**Etats-Unis** (« Managed Care Organizations »)
ACHAT PATIENT	— Ticket modérateur variable selon la taille du conditionnement (et le prix forfaitaire de remboursement) Exonérations possibles	— Ticket modérateur variable par catégorie de produits Exonérations liées à la situation de la personne (maladie longue au traitement coûteux) — Carnet de santé — Filières de soins expérimentales	— Ticket modérateur par ligne de prescription Exonérations possibles — Inscription auprès d'un médecin généraliste qui prescrit l'accès au spécialiste ou à l'hôpital	— Participation aux dépenses de soins selon clauses contractuelles d'assurance — Réseau de soins coordonnés et gestion complète de la maladie (disease management) dans le cadre des MCO — Suivi intégré du patient
PRESCRIPTEUR	— Restrictions à la liberté d'installation — Enveloppe fermée d'honoraires et actes techniques régulée par modulation du tarif unitaire des actes — Enveloppe fermée de prescription de médicaments : reversements à la charge des médecins et de l'industrie — Maîtrise médicalisée (recommandations, suivi de prescriptions...)	— Gestion de la démographie médicale — Politique de maîtrise médicalisée de la prescription (RMO ; développement des outils de bon usage du médicament, formation continue obligatoire...) — Enveloppe fermée de dépenses médicales (Honoraires/Prescriptions dont médicaments) ; provisionnement des revalorisations d'honoraires ; reversements en cas de dépassements	— Forte maîtrise de la démographie médicale — Médecin « salarié » (NHS) — Enveloppe fermée de prescription par cabinet médical (GPFH) — Maîtrise médicalisée (recommandations, suivi de prescription, outils informatisés..)	Dans le cadre des MCO, respect de contraintes budgétaires et médicales (guidelines)

Les politiques économiques du médicament (suite)

	Allemagne	France	Royaume-Uni	Etats-Unis (« Managed Care Organizations »)
VENTE FINANCEUR INDUSTRIE	— Listes positive et négative de médicaments remboursables — Prix forfaitaires (de remboursement) par classe de médicaments (Festbetrag) Baisses des prix hors Festbetrag — Enveloppe fermée de prescription de médicaments : reversements à la charge des médecins et de l'industrie	— Liste positive de médicaments remboursables — Fixation des prix conventionnelle (ou à défaut réglementaire) sauf médicaments hospitaliers et OTC (prix libre) — Encadrement conventionnel de volumes de ventes, de la politique promotionnelle ; possibilité de remises conventionnelles — Taxation de la publicité pharmaceutique	— Liste négative de médicaments non pris en charge — Encadrement conventionnel des taux de profit et de la politique de promotion (PPRS) — Remises conventionnelles ou baisses des prix en cas de dépassement des taux autorisés	— Dans le cadre des MCO, « formulaire » (liste de médicaments prescriptibles) — Prix libre — Négociations des conditions d'achat par des PBM — appels d'offre (conditions prix-volumes) — Remises conventionnelles
DISTRIBUTION PHARMACIEN	— Marge dégressive — Droit de substitution avec accord du prescripteur, pour les médicaments génériques, ou qui ne sont pas en stock	— Marge dégressive — Droit de substitution très limité (urgence, accord du médecin)	— Honoraires + Allocation forfaitaire — Droit de substitution, dans le cadre des ordonnances ouvertes, en cas d'urgence et avec autorisation du prescripteur	— Intégration de la distribution dans le cadre des MCO/PBM — Droit de substitution — Marge de distribution de droit commun commercial
GROSSISTE	— Plafond de rémunération — Marge dégressive	— Marge fixe — Contribution annuelle	— Marge fixe	— P.B.M. — Marge libre

Le contexte français : la prise en charge du médicament et l'évolution des dépenses d'assurance maladie

C'est dans l'entre deux guerres et précisément par une loi du 5 avril 1928 qu'un premier système d'assurance sociale est mis en œuvre en France. Mais c'est véritablement en 1945 que l'on peut situer la naissance de l'assurance maladie au sens moderne du terme. Celle-ci repose sur les deux principes de liberté et d'égalité. Le premier se traduit à la fois par l'exercice de la médecine en pratique libérale, représentant l'essentiel des soins ambulatoires et par la totale liberté d'accès aux soins accordée aux assurés sociaux. Le second se traduit par l'instauration de mécanismes

— d'assurance (paiement d'une cotisation pour obtenir une couverture en cas de réalisation d'un risque),

— collective (pour organiser le libre accès aux soins dont le coût ne saurait à l'évidence être supporté par les revenus ou les patrimoines individuels, la charge est transférée sur la collectivité par instauration d'un dispositif de remboursement socialisé des soins),

— obligatoire (étalement maximal de la charge des soins sur la collectivité nationale ou au minimum professionnelle).

La couverture de la population française

La couverture de la population française est **quasiment complète** et repose sur la création et la juxtaposition de régimes à **base professionnelle** : parmi ceux-ci trois régimes principaux d'assurance maladie coexistent pour les salariés de l'industrie et du commerce ainsi que les fonctionnaires (régime général), les agriculteurs et les travailleurs indépendants. Ils couvrent l'immense majorité de la population française. De nombreux régimes spéciaux subsistant encore couvrent les salariés de certains secteurs spécifiques (mineurs, militaires de carrière...) ou certaines entreprises (SNCF-RATP...). Mais une couverture sociale liée à l'exercice d'une profession laisse forcément subsister des personnes non assurées. C'est pourquoi trois types d'amélioration ont été apportées au dispositif :

— l'assouplissement des **conditions d'ouverture des droits** aux prestations,

— **l'extension de la couverture aux personnes non cotisantes** (caractère familial de l'assurance maladie étendue aux ayants droit),

— **la mise en œuvre de l'assurance personnelle** : la généralisation de l'assurance maladie date de la loi du 2 janvier 1978, qui pose le principe du droit à la protection contre le risque maladie de toute personne résidant sur le territoire national et qui ne serait pas couverte par un régime obligatoire. L'adhésion à l'assurance personnelle est une possibilité offerte à ces personnes. Elle n'est pas obligatoire. En bénéficient cependant de plein droit et gratuitement les personnes titulaires du revenu minimum d'insertion.

Malgré ces efforts, la généralisation de la couverture maladie n'est pas totale. C'est pourquoi l'instauration d'une **assurance maladie universelle,** ouvrant droit à l'assurance maladie pour tout résident régulier sur le territoire national, constitue désormais un objectif affiché.

L'assurance maladie fonctionne comme un système de prélèvement et redistribution. Les cotisations sont assises sur l'intégralité du revenu d'activité, prélevées directement auprès de l'employeur et partagées entre ce dernier et le salarié (financement paritaire). La redistribution est opérée, en fonction des besoins, en soins de ville ou soins hospitaliers.

Ce sont les caisses primaires d'assurance maladie (pour le régime général) ou les caisses compétentes d'autres régimes qui sont chargées de calculer (liquider) les prestations et les verser aux assurés. L'assurance maladie ouvre droit à deux types de prestations :

- **prestations en espèces** : revenu de remplacement pour les assurés qui doivent cesser leur travail pour raison de maladie ;
- **prestation en nature** : prise en charge d'une partie de la consommation de soins, dont les médicaments. L'assuré garde en principe à sa charge une partie de la dépense (**ticket modérateur**) qu'il peut faire rembourser par une assurance complémentaire facultative. Certaines personnes font l'objet d'une prise en charge intégrale (malades atteints d'une pathologie longue et coûteuse, titulaire d'une pension d'invalidité ou d'une rente d'accident du travail, enfant handicapé, femme enceinte...).

Le plus souvent, en médecine de ville **l'avance de frais** est demandée aux patients (article L322-1 du code de la sécurité sociale — CSS) mais le **tiers payant** tend à se développer[23]. Dans ce cas, l'assuré social ne supporte plus directement que le ticket modérateur qui reste à sa charge. Le pharmacien reçoit directement de la Caisse d'assurance maladie la part remboursable de la dépense.

Le recours à une protection sociale complémentaire

La protection sociale complémentaire « maladie » est assurée par trois types d'organismes : mutuelles, institutions de prévoyance et assurances

---

[23] *Compte tenu des procédures de tiers payant mises en place par les organismes de protection sociale complémentaire (mutuelles pour l'essentiel), le consommateur peut même acquérir son médicament « sans bourse délier ».*

privées. Elle connaît un fort développement lié à la progression de la population qui en bénéficie, ainsi qu'aux difficultés financières de l'assurance maladie de base.

Population bénéficiant d'une couverture complémentaire maladie

1960	1970	1980	1991
31 %	49 %	69 %	82 %

Source : INSEE, CREDES.

Les frais de maladie couverts peuvent concerner les prestations en espèces (indemnités journalières complémentaires) ou des prestations en nature :

— prise en charge intégrale ou quasi intégrale du ticket modérateur, couverture particulièrement prisée pour les prescriptions de médicaments ;

— complément de la couverture assurance maladie jusqu'à des montants déterminés (consultations en secteurs à honoraires libres).

Au total, la protection complémentaire maladie finance plus de 11 % de la dépense courante de soins et biens médicaux, et plus de 20 % pour le secteur « médicaments et prothèses (lunettes...) ».

La forte croissance des dépenses de santé

La France consacre une part croissante de sa richesse nationale aux dépenses de santé : 4,2 % du PIB en 1960, 8,9 % en 1990, la barre des 10 % étant désormais atteinte.

Structure de la consommation de soins et biens médicaux

En %	1980	1995
Soins hospitaliers	53,2	49,5
Soins ambulatoires	26,4	27,8*
Médicaments	17,5	18,5
Prothèses	1,9	2,7
Transports sanitaires	1	1,5

Source : Comptes Nationaux de la Santé.
(* dont — médecins et dentistes : 19,8 %
— auxiliaires médicaux, analyses, cures : 8 %).

La consommation médicale totale [24] a cru à **un rythme élevé** et continue de progresser. Elle a atteint 12 000 F par habitant en 1995 (soit 710 MdF ou 10 % du PIB) dont 2 173 F (soit 126 MdF) pour le seul poste « médicaments ». La seule consommation de soins et biens médicaux représentait 6 % de la consommation totale des ménages en 1960 et près de 13 % en 1990. Au sein de la consommation de soins et biens médicaux (682 MdF en 1995), **les médicaments** représentent un poste relativement stable, en légère progression.

Montant total des dépenses de santé (au sens de l'OCDE) en proportion du PIB 1960 — 1994

Pourcentage	1960	1970	1980	1994
Etats-Unis	5,3	7,4	9,2	14,3
Japon	3,0	4,6	6,6	6,9
Allemagne	4,8	5,9	8,4	9,5
France	4,2	5,8	7,6	9,7
Italie	3,6	5,2	6,9	8,3
Royaume-Uni	3,9	4,5	5,8	6,9
Canada	5,5	7,1	7,4	9,8

Source OCDE.

La France se place **au troisième rang des pays industrialisés** pour la part de la richesse nationale qu'elle consacre à la santé. Autant que le niveau des dépenses de santé atteint en France, c'est la **dynamique de progression** qui surprend : sur trente ans (1960-1990) le taux de croissance annuel atteint (en F. constants) 4,7 % en France contre 3,4 % en Allemagne et 2,2 % au Royaume-Uni [25]. Sur une longue période, ce rythme est quasiment double de la croissance économique. Les tensions sur le financement de la dépense de santé trouvent là leur explication statistique immédiate.

Le financement de la dépense de santé

Globalement **la part de la sécurité sociale** dans la couverture des dépenses de soins et biens médicaux a décru au cours des dernières années,

---

[24] *Consommation Médicale Totale = consommation de soins et biens médicaux + consommation de soins de médecine préventive.*

[25] *Livre Blanc sur la santé et l'Assurance-maladie – Doc. Française 1995.*

essentiellement de 1980 à 1988. Les mutuelles, institutions de prévoyance, sociétés d'assurance et les ménages de manière directe ont donc été amenés à accroître leur part dans le financement des dépenses de santé.

Quant au financement des seuls **médicaments, sa couverture par la sécurité sociale est traditionnellement inférieure** et la participation des assurances complémentaires et des ménages, par symétrie, très supérieure. Le financement de la dépense de médicaments relève à 61 % de la sécurité sociale et de collectivités publiques, à 19 % d'assurances complémentaires (mutuelles, institutions de prévoyances et assurances privées) à 20 % des ménages eux-mêmes. Cette dernière part peut, selon certaines estimations, être décomposée en ticket modérateur non pris en charge par des assurances complémentaires pour une faible part (3 %) et surtout achat de médicaments non remboursables (12 %), ou remboursables non présentés au remboursement (5 %).

Financement de la dépense de médicament

Financeurs (%)	**1980**	**1990**	**1995**	**Financement des dépenses de soins et biens médicaux en 1995**
Sécurité Sociale	63,5	60,2	60,4	73,9
Etat et collectivités locales	1,1	0,8	0,6	0,8
Mutuelles	8,5	12	12,4	6,8
Sociétés d'assurance Institutions de prévoyance Ménages	26,9	27	26,6 { 4,7 2,1 19,8	18,5 { 3,1 1,5 13,9

Source : Comptes Nationaux de la Santé.

Au total, les évolutions constatées répondent à la série de mesures (augmentations du ticket modérateur, déremboursements de produits...) visant à augmenter le financement direct par le patient d'une partie de la dépense de soins.

La situation financière de l'assurance maladie

La situation financière de l'assurance maladie mérite dès lors d'être analysée, tant elle s'avère déterminante pour l'évolution du marché pharmaceutique : la solvabilisation de la demande en est largement tributaire.

Le mécanisme de dégradation des comptes de l'assurance maladie traduit un effet de ciseaux entre dépenses et recettes. La croissance des dépenses de santé constatée entraîne mécaniquement, à dispositif de remboursement constant et compte tenu de ses caractéristiques libérales (liberté d'accès aux soins, liberté de dispensation des soins), une augmentation parallèle des dépenses de l'assurance maladie. Le ralentissement de la croissance économique depuis le milieu des années 70 détermine celle des recettes de l'assurance maladie, très largement liées à l'évolution de la masse salariale.

Au total et sur longue période, le taux d'évolution des prestations maladie (régime général) est quasiment double de celui du produit intérieur brut [26]. Ceci se traduit par une accumulation de soldes négatifs pour l'assurance maladie. Si la branche maladie du régime général n'a connu que quatre années déficitaires de 1980 à 1990, elle n'a plus obtenu de solde positif depuis 1989. L'ampleur du déficit s'est considérablement accru depuis 1993 pour atteindre -39,7 milliards de Francs en 1995.

Les mesures adoptées pour pallier cette situation ont porté à la fois :

— sur les recettes : déplafonnement de l'assiette des cotisations et augmentation des taux de prélèvement, diversification progressive des ressources, appel à des contributions ponctuelles ou assises sur des facteurs de dépenses (publicité pharmaceutique, alcools) et plus récemment, devant l'accumulation des déficits, appel à la Contribution Sociale Généralisée (CSG) et reprise de dette dans le cadre du Fonds de solidarité vieillesse puis de la caisse d'amortissement de la dette sociale (CADES) avec création du RDS,

— sur les dépenses : plans conjoncturels (entraînant pour l'essentiel une réduction des taux de prise en charge ou des déremboursements) ou mesures plus structurelles dont la logique s'est progressivement orientée vers une maîtrise de l'offre de soins, d'abord pour le secteur hospitalier, plus aisément appréhendable, puis pour le secteur ambulatoire au début des années 90.

Les efforts de régulation des dépenses de soins en ville portent sur la « maîtrise médicalisée » des prescriptions, mais recourent également depuis 1992 à des dispositifs d'encadrement des dépenses générées par les professions de santé.

Les marges de manœuvre de l'assurance maladie sont désormais étroites. La demande de soins continuera à augmenter et les perspectives de croissance économique restent modestes. Les actions de maîtrise des dépenses seront guidées par les réponses apportées à plusieurs interrogations.

[26] *Op. cité note 25.*

— N'agit-on pas au détriment de l'équité sociale et de l'égalité d'accès aux soins ? (les effets défavorables en la matière des politiques de réduction de la prise en charge paraissent avérés).

— Peut-on continuer à investir dans le secteur de la santé sans définition claire et démocratique des priorités que s'assigne la société en ce domaine et, en conséquence, du panier des biens et services médicaux remboursables ; et sans évaluation pertinente *a priori* et *a posteriori* de l'efficacité ou du rendement des dépenses engagées pour le financement de ces biens et services ?

Ces interrogations prennent un relief particulier pour le secteur de la pharmacie et du médicament où les innovations thérapeutiques, toujours plus coûteuses sont systématiquement venues s'ajouter aux médicaments remboursables sans réévaluation périodique de ceux-ci.

Le marché français

Le marché pharmaceutique français est le quatrième du Monde (6,4 % du marché mondial) après les Etats-Unis, le Japon et l'Allemagne, et devant l'Italie et le Royaume-Uni. Parmi les multiples segmentations possibles du marché français, l'analyse qui suit croise le mode de distribution (marché hospitalier et marché ambulatoire — de ville) avec une approche plus économique, distinguant trois types de médicaments : le médicament innovant, *a priori* irremplaçable et encore en situation de monopole thérapeutique et économique ; le marché concurrentiel, comprenant les vrais génériques comme les faux ou les produits en situation d'équivalence thérapeutique ; l'automédication.

Quelques données sur le marché français

Marché total 1995 : 88,2 milliards de francs (prix fabricants)

— 92 % de produits remboursés en ville et aux collectivités (hôpitaux), 8 % de produits non remboursés ;

— 87 % de produits vendus en officines de ville, 13 % à l'hôpital ;
(Source Ministère de l'Industrie)

3 665 produits commercialisés en 1995, sous 7 500 présentations (cf. note 28) ; ce nombre est en décroissance : 8 500 présentations en 1994, et plus de 20 000 en 1959 ; (Source SNIP)

En 1995, les 20 premiers produits détenaient 15,6 % en valeur du marché officinal, et les cent premiers 41,7 % ; (source IMS — SNIP).

Le marché hospitalier

Prestigieux et attractif, le marché hospitalier est concentré, puisque 40 % des ventes sont assurés par les 10 premiers groupes pharmaceutiques, et connaît une forte croissance. D'un chiffre d'affaire de 4 milliards de Francs en 1985, il est passé à 11,6 milliards de Francs en 1995, soit près de 11 % de croissance moyenne annuelle. Cependant, le marché hospitalier ne représente que 13 % environ du marché total du médicament français, ou encore 4,6 % en 1994 du total du budget de l'assurance maladie affecté aux hôpitaux publics et privés.

Une croissance rapide

La liberté des *prix*, en vigueur à l'hôpital depuis 1987 (cf. p. 116), explique-t-elle cette croissance ? Les procédures d'appel d'offres et la guerre des prix sur certains produits ont plutôt poussé les prix des produits hospitaliers à la baisse [27].

La croissance est largement due à un *effet de structure* de consommation : apparition de nouvelles spécialités coûteuses, réservées à l'hôpital et sur des pathologies graves ; selon certaines estimations, le coût annuel prévisionnel des tri-thérapies du Sida se monterait à près d'un milliard de Francs. L'arrivée de produits issus des biotechnologies sur des pathologies encore mal soignées (cancers, Sida, hépatites, sclérose en plaque, maladies neuro-dégénératives, etc.) aura des effets comparables. Toutefois, il semble qu'un effet de structure joue en sens inverse sur certaines classes de produits — des antibiotiques, des antiulcéreux, des antihypertenseurs — pour lesquelles de nouvelles spécialités, formes ou dosages tirent plutôt les prix à la baisse.

En fait, malgré la pression sur les budgets hospitaliers (cf. p. 132), l'essentiel de la hausse des coûts est due à la croissance des *volumes* consommés. C'est sans doute sur ce facteur que l'hôpital pourra jouer à l'avenir, pour limiter la croissance de ses coûts médicamenteux.

La dualité du marché hospitalier

D'une part marché de produits innovants sur les pathologies graves, traitées principalement en milieu hospitalier, l'hôpital est aussi un marché de médicaments génériques sur les produits d'usage courant.

[27] *P. Cavalié, Etude publiée dans la revue de l'ADPHSO en 1994.*

**Classes thérapeutiques commercialisées à l'hôpital :
les 10 premières classes de médicament à l'Assistance Publique —
Hôpitaux de Paris en 1994**
(980 MF de budget médicament total en 1994) source PCH
informations Sept-Oct 1995

Rang	Classe	Part du budget
1	Antiviraux	16,9 %
2	Facteurs de croissance cellulaire	6,8 %
3	Anticancéreux	6,8 %
4	Interférons	3,9 %
5	Produits de contraste iodés	3,6 %
6	Céphalosporines	3,3 %
7	Anesthésiques locaux	2,9 %
8	Héparines	2,7 %
9	Antifongiques	2,7 %
10	Immuno-dépresseurs	2,5 %

En effet, la logique de consommation de masse de produits de large utilisation (antiseptiques, analgésiques, anesthésiques, solutés injectables, certains antibiotiques, certains anticancéreux, etc), s'accommode parfaitement de la liberté des prix. 15 % à 20 % du budget « médicament » d'un hôpital en 1994 seraient ainsi affectés à des médicaments génériques. L'application du code des marchés publics conduit les pharmaciens hospitaliers à retenir les produits génériques les moins coûteux, et les laboratoires pratiquent une réelle concurrence. Des prix de dumping peuvent même être proposés, pour évincer un concurrent ou permettre une négociation globale associant des produits plus rentables.

Un marché phare pour les produits d'innovation

L'hôpital reste cependant pour l'essentiel le terrain d'expérimentation des médicaments et le tremplin de lancement des produits nouveaux traitant les pathologies graves. Pathologies surtout traitées à l'hôpital, prestige et sécurité de l'utilisation hospitalière, influence des leaders d'opinion hospitaliers, promotion auprès des internes qui iront plus tard exercer en ville, sont autant d'attraits qui justifient une présence du médicament à l'hôpital avant une éventuelle diffusion en ville. La liberté des prix permet en outre à ces laboratoires d'obtenir des prix « de monopole » et une excellente rentabilité sur leurs produits innovants.

Des produits comme les hormones de croissance, les interférons, les antiviraux, certains antibiotiques, les antithrombotiques ou les anticancéreux font ainsi l'essentiel sinon la totalité de leur chiffre d'affaire à l'hôpital. Certains sont d'ailleurs réservés à un usage hospitalier et ne sont alors pas commercialisés en officines de ville.

Sur les 8 500 présentations pharmaceutiques [28] commercialisées en France en 1994, près de 700 étaient réservées à l'hôpital. La part des produits dits réservés dans le budget des médicaments hospitaliers a cru très rapidement pour passer de l'ordre de 6 % en 1985 à 40 % en 1994 [29]. Selon les termes de la réglementation, il s'agit de médicaments dont les caractéristiques médicales ou financières sont telles que leur prise en charge, en médecine ambulatoire, ne peut s'effectuer de manière traditionnelle.

Pour de nombreuses pathologies, de plus en plus de malades poursuivent leurs traitement à domicile, par suite du raccourcissement des séjours hospitaliers. Toutefois, et c'est surtout vrai dans le cas du Sida, leur traitement peut comporter des médicaments réservés à l'hôpital (contrôle des risques ou suivi du traitement). Le patient doit dans ce cas se rendre à la pharmacie hospitalière qui lui « rétrocède » son traitement. Au-delà de l'inconfort du déplacement pour le patient, ce système est critiquable au plan administratif et financier : il est en voie d'évolution (cf. p. 117).

Le marché « de ville »

Les médicaments commercialisés en officines de ville représentaient un volume de ventes de 75,3 milliards de Francs en 1995 en prix producteur (dont 68,2 milliards de Francs sur les médicaments remboursables), ou encore près de 120 milliards de Francs en prix publics [30] (dont 105 milliards de Francs sur les médicaments remboursables). Ce marché dit « de ville » ou encore « ambulatoire », présente deux caractéristiques : des volumes de consommation bien supérieurs à ceux de nos voisins européens d'une part, le poids important de produits d'une portée thérapeutique réduite et d'usage surtout national d'autre part.

---

[28] *On entend par présentation chaque association, dosage, forme d'administration ou contenance différente d'un même produit.*

[29] Source *Agence du Médicament.*

[30] *Comprenant les marges de la distribution et la TVA.*

Structure du marché ambulatoire par classe thérapeutique en 1995
(source SNIP/IMS)

Classe thérapeutique	Part de marché en 1995 (en valeur)	
Appareil cardio-vasculaire	23,5 %	
Appareil digestif et métabolisme	15,5 %	
Anti-infectieux voie générale	13,4 %	
dont vaccins :		2,9 %
antibiotiques :		9,2 %
Système nerveux central	12,0 %	
dont analgésiques :		4,4 %
Appareil respiratoire	8,7 %	
Sang	6,1 %	
App. génito-urinaire / hormones sexuelles	5,1 %	
Appareil locomoteur	4,8 %	
Dermatologie	4,1 %	
Anticancéreux	1,9 %	
Organes des sens	1,8 %	
Hormones voie générale (hors sexuelles)	1,1 %	
Produits de diagnostic	0,5 %	
Antiparasitaires	0,3 %	
Solutés injectables	0,1 %	
Divers	1,1 %	

Parmi les 10 premières spécialités pharmaceutiques du marché ambulatoire en 1995, en Chiffre d'Affaires HT, on compte deux vaccins contre l'hépatite B, un antidépresseur, un antiulcéreux, deux anticholestérolémiants, un médicament de thérapie coronarienne, un médicament de vasothérapie, un antibiotique et un paracétamol. Tous font plus de 60 MF de chiffre d'affaires. Le total des vingt premiers produits représente 15,5 % du marché.

La structure du marché de ville

Le marché français de ville se caractérise par le nombre important d'unités vendues. Selon les données de la profession, environ 3 milliards de boîtes ont été vendues en 1995, correspondant à un prix moyen hors taxe de la boîte de 25,50 FF. Cette caractéristique est à rapprocher de l'âge moyen des 3 700 produits et 7 500 présentations commercialisées en 1995. 45 % du marché officinal (en chiffre d'affaires prix fabricants, source SNIP/IMS) étaient couverts par des présentations âgées de plus de 10 ans. Ces produits anciens, dont le prix a été peu ou pas revalorisé, masquent les prix moyens des spécialités nouvelles, plus élevés et plus conformes aux standards européens.

La structure de remboursement du marché de ville est la suivante (parts de marché 1995 en valeur, source Ministère du Travail et des Affaires Sociales) : 73 % de produits remboursables à 65 %, 17 % de produits remboursables à 35 %, 1 % de produits remboursables à 100 % et 9 % de produits non remboursables.

Une surconsommation par rapport à nos voisins européens

La France se situe loin devant l'Allemagne, le Royaume-Uni et l'Italie pour la consommation pharmaceutique [31], calculée en nombre de « doses quotidiennes définies » pour 1 000 personnes (afin de permettre des comparaisons homogènes) de huit classes de médicaments sur les dix soumises à l'enquête. La consommation d'antibiotiques est par exemple 2 fois plus forte en France qu'au Royaume-Uni, et 2,5 fois plus forte qu'en Allemagne. Les hypolipidémiants sont 15 fois plus consommés en France qu'au Royaume-Uni, 4 fois plus qu'en Italie, 2,4 plus qu'en Allemagne.

Les Français sous tranquillisants

Dans un rapport au Ministre du Travail et des Affaires Sociales rendu public le 28 mars 1996, le professeur Edouard Zarifian, psychiatre, a révélé l'ampleur de la consommation de psychotropes par les Français. 11 % des Français adultes prennent régulièrement un médicament psychotrope (tranquillisant, hypnotique, neuroleptique ou antidépresseur). 14,8 % des ordonnances analysées par une récente enquête de la CNAMTS comportent au moins la prescription d'un médicament anxiolytique ou hypnotique. La consommation des psychotropes est 3 fois plus importante en France qu'au Royaume-Uni et qu'en Allemagne, et 2,5 fois plus qu'en Italie. Le rapport analyse également les caractéristiques sociales des consommateurs. Les chômeurs dépassent par exemple de 57 % le taux moyen de consommation.

Détaillant la puissance promotionnelle des laboratoires pharmaceutiques et l'insuffisance d'informations en provenance des pouvoirs publics, mettant en cause la formation médicale et continue des médecins, l'indépendance des experts et des « leaders d'opinion », E. Zarifian dénonce la tendance au « tout-médicament », à « l'explosion de la médicalisation pharmacologique de l'existence ».

Les spécificités de l'industrie française — forte présence sur certaines classes thérapeutiques, faibles prix donc recherche d'un fort volume de vente par une promotion intense — sont sans doute une des principales raisons de la surconsommation des médicaments en France. Les médicaments veinotoniques, grande spécialité des laboratoires français, ont par

[31] *Lecomte et Paris – CREDES 1994,* La consommation pharmaceutique en Europe, *1992 (France Italie Allemagne et Royaume-Uni).*

exemple une part de marché de 4,6 % en 1995, infiniment supérieure à ce qu'ils ont chez la plupart de nos voisins.

Mais les laboratoires français sont moins présents sur des classes où la surconsommation, relativement à nos voisins, est aussi flagrante : antidépresseurs, antibiotiques... L'autre responsable généralement désigné est alors le médecin. Dans le contexte concurrentiel de la médecine libérale, la pression des patients, souvent très demandeurs de prescriptions médicamenteuses, y participe aussi. Selon une enquête de la CNAMTS, il apparaît que le nombre moyen de lignes de prescription par ordonnance est de 3,6 pour les médecins généralistes, et de 3,2 pour l'ensemble des prescripteurs (données 1993). Le coût moyen de la ligne de prescription est de 80 FF, contre 105 FF en Allemagne, 93 FF en Italie et 82 FF au Royaume-Uni (CREDES, données 1991/92). Mais toutes les études indiquent que le médecin français prescrit davantage de médicaments par ordonnance que ses confrères de pays comparables : 1,7 lignes par ordonnance en Allemagne, 1,6 en Italie et 2,5 au Royaume-Uni.

Quelles perspectives de croissance ?

Après des années de croissance forte, l'évolution du marché pharmaceutique ambulatoire semble se ralentir, sous la pression des plans successifs de maîtrise des dépenses de l'Assurance Maladie. Ainsi, le taux de croissance inférieur à 2,2 % (prix producteurs) en 1994 est dû à plusieurs effets cumulés (absence de pathologie hivernale, impact des mesures de maîtrise médicalisée — cf. p. 129), même si persistent des tendances à la hausse en 1995 (6,6 % de croissance en prix producteurs), moindres en 1996.

La croissance du marché pharmaceutique est difficilement maîtrisable. Conjoncturellement, il suffit d'une forte pathologie hivernale, du lancement d'une politique nouvelle de santé publique impliquant la consommation de médicaments, ou de l'arrivée de produits innovants et coûteux, pour que cette croissance s'accélère. Un infléchissement plus structurel dépendra pour l'essentiel de l'efficacité des instruments de maîtrise médicalisée mis en œuvre par les ordonnances de 1996 et de leur appropriation par les médecins prescripteurs (cf. p. 128-132).

Les génériques

Présenté parfois, et à tort, comme la solution-miracle aux difficultés financières des assurances maladie, le générique est un segment du marché des médicaments, encore peu exploité en France, mais promis partout dans le monde à un bel avenir.

Qu'est-ce qu'un générique ?

La définition de la Commission de la Concurrence de janvier 1981 situe le générique dans le contexte de la **propriété industrielle** : « *on entend par médicament générique toute* ***copie*** *d'un médicament original dont la production et la commercialisation sont rendues possibles notamment par la chute des brevets dans le domaine public, une fois écoulée la période légale de protection* »

Une fois terminée la période d'exclusivité commerciale, les règles du marché prévalent et des copies génériques peuvent venir concurrencer la spécialité « princeps », rétablissant alors, du fait de la baisse des prix, l'avantage financier en faveur de la collectivité.

D'un point de vue sanitaire, il est cependant indispensable de différencier les vraies copies des copies approximatives. La définition de la spécialité *essentiellement similaire* (termes utilisés par la directive communautaire 87/21/CEE et définis à l'art. R5133 CSP) a été reprise dans ses grandes lignes par l'ordonnance du 24 avril 1996 qui inscrit la définition du médicament générique dans le Code de la Santé Publique (art. L601-6) : « *On entend par spécialité générique d'une autre spécialité une spécialité qui a la même composition qualitative et quantitative en principes actifs, la même forme pharmaceutique, et dont la bioéquivalence avec l'autre spécialité a été démontrée par des études appropriées de biodisponibilité* ». Cette définition doit être complétée par un décret précisant les conditions d'exonération d'études de bioéquivalence.

Le vrai générique peut donc désormais se différencier du *générique-plus* ou de *l'équivalent thérapeutique* apportant un service médical équivalent, avec le même principe actif mais sous un dosage ou une forme galénique différent. A fortiori, il se distingue du *produit comparable*, notion désignant les produits ayant une activité biologique et thérapeutique similaire mais qui peuvent être issus de molécules différentes.

Enfin et surtout, un vrai générique n'est ni une contrefaçon, ni une copie de mauvaise qualité du médicament princeps. La garantie d'une qualité optimale — digne de celle du médicament d'innovation — à toutes les étapes de la chaîne de fabrication est impérative. Le scandale de 1989 aux Etats-Unis, où, suite à des fraudes et des corruptions, plus d'une centaine de produits génériques ont été retirés du marché, a lourdement contribué à véhiculer une très mauvaise image de marque des génériques, que les industriels peinent à estomper.

Les conditions de marché

L'existence d'un marché des génériques présuppose d'une part une pression en faveur d'une maîtrise des dépenses de santé et d'autre part des prix de médicaments sous brevet suffisamment élevés pour autoriser des décotes de prix, une fois la période d'exclusivité écoulée.

Part des génériques dans le total du marché pharmaceutique en 1993
(source Eurostaf)

Pays	Part des génériques dans le total du marché pharmaceutique national en valeur	Part en volume des génériques dans le total de la prescription
USA	20 %	30 %
Pays-Bas	23 %	48 %
Royaume-Uni	19 %	43 %
RFA	16 %	33 %
Japon	7,5 %	18 %
France	2 % à 3 %	5 %

Les Etats-Unis, l'Allemagne, les Pays-Bas ou le Royaume-Uni remplissent ces conditions. La pression provient des assureurs privés (et tout particulièrement des organisations de « managed care ») aux Etats-Unis, et d'incitations nationales à la consommation de génériques dans les pays européens : remboursement des médicaments à un prix forfaitaire par classe thérapeutique et enveloppe globale de prescription encadrée en Allemagne, déconcentration des budgets de prescription aux cabinets médicaux en Angleterre, droit de substitution des pharmaciens avec intéressement aux économies réalisées aux Pays-Bas.

Dans ce contexte, le générique permet un comportement de marché normal, sans avoir d'effet négatif démontré sur les capacités d'innovation de l'industrie pharmaceutique : les pays où les génériques possèdent une vaste part de marché sont d'ailleurs aussi ceux où l'industrie d'innovation se porte le mieux. Le générique permet de garantir aux patients/assurés sociaux de substantielles économies sur les produits les plus efficaces, une fois la rentabilité de la recherche assurée. Une politique du générique doit donc se concevoir avec comme corollaire une protection rigoureuse des droits de la propriété industrielle.

Le générique en France

Le marché des génériques français présentait jusqu'en 1996 une situation atypique. A l'hôpital, les génériques sont fortement développés (cf.

p. 101). Quant au marché de ville, des classes thérapeutiques comme les antitussifs, veinotoniques, analgésiques, ou antiseptiques couvrant près de 12 % du marché exploitent déjà un nombre limité de molécules, tombées depuis longtemps dans le domaine public. Il s'agit toutefois de faux génériques ou de *génériques-plus*, puisque les dosages et formes galénique varient d'une spécialité à l'autre.

Bien que 54 % des produits commercialisées en France (soit 48 % du chiffre d'affaires réalisé) ne bénéficient plus d'aucune protection par brevet ou CCP [32], le vrai générique est lui presque inexistant : 3 % du chiffre d'affaires et 5 % des boîtes vendues selon les estimations hautes. Jusqu'à présent, aucune des conditions prérequises n'étaient réunies : prix bas des spécialités pharmaceutiques en comparaison des moyennes européennes et donc absence de créneau de rentabilité pour un générique moins cher, pas d'incitation à la prescription ni à la dispensation. Par leur système de calcul de marge, les grossistes et les pharmaciens ne sont pas favorisés par le développement des ventes de génériques et n'y sont donc pas favorables [33]. De surcroît, la législation française ne donne pas aux pharmaciens le droit de substitution sans assentiment préalable du médecin, sauf en cas d'urgence et dans l'intérêt du patient. Quant aux médecins, un sur six était encore hostile aux génériques en 1995 (notamment pour des soupçons de mauvaise qualité), et rares étaient les médecins sensibles à l'argument du coût de leur prescription [34].

Suite à un rapport établi par M. Dorion, Inspecteur Général des Affaires Sociales en juillet 1994, à un travail de fond du Comité Economique du Médicament sur la période 1995-1996, et aux ordonnances de 1996 (cf. p. 139), les données de la question prennent dorénavant une toute autre tournure.

Plusieurs laboratoires ont élaboré un catalogue de produits génériques : des « génériqueurs spécialisés » comme GNR-Pharma, Biogalénique (groupe Rhône-Poulenc Rorer), et Lafon-Ratiopharm, ou des filiales de groupes comme Ciba, Merck-Lipha, MSD, Sanofi, Roussel-Uclaf, etc. Dès 1996, une « guerre des prix » s'est amorcée sur quelques molécules importantes comme l'amoxicilline, signe que le marché français est entré dans une ère nettement plus concurrentielle.

Dans ce contexte nouveau, quelques experts prévoient une croissance forte du marché des génériques en France, qui atteindrait les 15 % de part

---

[32] Source *Droit & Pharmacie : étude 1994 sur le médicament générique.*

[33] *En 1980, le LFPG, filiale de Clin-Midy, a tenté de lancer en France un catalogue de génériques mais a dû abandonner, du fait d'un boycott illégal mais efficace des produits du groupe par les pharmaciens.*

[34] *Etude d'Alain Collomb Stratégie, Pharmaceutiques N° 33, janvier 1996.*

de marché en volume à l'an 2000 et les 10 % en valeur. La possible création d'un droit de substitution du pharmacien, la fin prochaine de la période d'exclusivité de grands succès commerciaux comme la ranitidine (Azantac®), l'acyclovir (Zovirax®) ou la fluoxétine (Prozac®) viendront nourrir cette croissance.

L'automédication

A chacun sa définition

Les médicaments d'automédication peuvent être achetés sans prescription médicale. Plusieurs autres critères viennent cependant dessiner des « zones grises » variables suivant les pays et leur réglementation : l'inscription au remboursement, le remboursement effectif, la possibilité de publicité grand-public, le monopole pharmaceutique, la parapharmacie... Il faut d'ores et déjà faire abstraction de la « mauvaise » automédication, à savoir l'utilisation sans avis du médecin de produits de prescription présents dans l'armoire à pharmacie.

L'automédication au sens le plus large est déterminée par le critère de **prescription non obligatoire**. Toutefois, certains produits d'automédication sont parfois prescrits de fait et peuvent alors, lorsqu'ils sont inscrits sur la liste des médicaments remboursables aux assurés sociaux, être présentés au remboursement : l'aspirine par exemple.

La terminologie de « **médication familiale** » retient le périmètre un peu plus étroit des produits qui, non prescrits (et a fortiori non remboursés), relèvent d'un achat réellement spontané. La définition anglo-saxonne de l'« **OTC** » (« over the counter ») lui est comparable mais y ajoute la notion d'un accès direct du consommateur au produit.

De surcroît, a été créée en France la notion de « **produits conseils** », produits non « listés » et qui ne font pas de publicité grand public, soit du fait de la stratégie promotionnelle de l'entreprise, soit parce que l'AMM l'interdit en raison d'un risque possible de santé publique, soit encore parce qu'ils sont remboursables. Dans un avis aux demandeurs d'AMM de 1989, l'administration française limite alors le terme de « **spécialité d'automédication** » aux médicaments sans prescription obligatoire, non remboursables, pouvant faire l'objet d'une publicité grand public et, en fait, conçus à la base pour une utilisation directe par le consommateur.

Les pharmaciens enfin préfèrent parler de « **médication officinale** », pour valoriser leur rôle de conseil.

Le contexte économique

Plusieurs pays encouragent le développement du marché de l'automédication afin d'alléger les dépenses engagées par les systèmes d'assurance maladie. Ils rejoignent ainsi la volonté accrue des patients de prendre en charge leur propre santé.

Le marché mondial de l'automédication a atteint en 1994 une valeur de 42,8 milliards de dollars (source IMS), soit environ 18 % des ventes totales de produits pharmaceutiques. Le classement mondial par classe thérapeutique, qui place en tête les produits dermatologiques puis les produits contre le rhume, reflète mal les réalités locales, très liées à la culture, aux habitudes de consommation et au périmètre effectif de l'automédication. Ainsi, aux Etats-Unis, au Canada, en Belgique ou en Espagne, les analgésiques représentent les plus grosses ventes, tandis que les Britanniques ou les Portugais achètent d'abord des produits contre le rhume, les Italiens des produits pour la digestion, les Allemands des vitamines et les Japonais des fortifiants. La France se caractérise par la place prépondérante des produits vasoactifs. De manière générale, ce sont les médicaments d'action symptomatique rapide qui emportent surtout la préférence des consommateurs.

Le recours à l'automédication au Royaume-Uni a commencé à progresser en 1984, lorsque les pouvoirs publics ont interdit au médecin de prescrire en vue d'un remboursement près de 2 000 spécialités. L'encadrement réglementaire a été adapté : contraintes réduites sur la publicité pour l'OTC, distribution ouverte aux drugstores et supermarchés, large gamme de molécules en vente libre. Surtout, l'intéressement des médecins à la maîtrise des dépenses de santé est un facteur très favorable au développement de l'OTC.

Dans tous les pays industrialisés, les contingences économiques conduisent à une plus grande prise en charge par le patient du « petit risque », et à des suppressions ou à des diminutions du remboursement par les organismes sociaux.

Un marché français stagnant

Pourtant, le marché français de l'automédication ne progresse pas. Représentant près de 21 MdF en 1995, il totalise environ 800 millions de boîtes vendues. Mais près des deux tiers du volume de vente sont réalisés sur des produits remboursables. La croissance du marché est faible, voire inexistante : 0,6 % de hausse en valeur de 1994 à 1995, mais 0,4 % de baisse en volume (nombre d'unités). Encore ces chiffres modestes ne sont-ils obtenus que grâce aux produits remboursables (source IMS).

Seuls les groupes Rhône-Poulenc Rorer (avec sa filiale Théraplix) et Upsa (laboratoires Upsa et Oberlin) dépassaient le milliard de Francs de chiffre d'affaires sur la médication familiale en France en 1995, suivis de Synthelabo et du groupe Roche (y compris Roche-Nicholas et Soekami-

Lefrancq). Smithkline Beecham vient prendre la tête de ce peloton lorsque l'on se limite aux produits non remboursables.

Quelles sont donc les particularités du marché français qui expliquent sa dimension modeste ? En premier lieu, les médecins comme les consommateurs n'ont pas une bonne image des produits non remboursés, assimilés à des médicaments peu efficaces. Les pouvoirs publics y contribuent largement lorsqu'ils motivent par cet argument des déremboursements de produits [35]. Les Français privilégient toujours la prescription de médicaments remboursés.

Dans le même temps, la gamme des molécules actives disponibles en automédication a longtemps été moins fournie et performante que chez nos voisins. Or, pour les produits à la pratique éprouvée et documentée, et qui présentent de faibles risques d'effet secondaires, une automédication responsable est tout à fait envisageable, au moyen parfois d'une forme moins dosée ou d'un conditionnement adapté. L'administration sanitaire française reste prudente en la matière. La procédure du « Switch » (cf. p. 49) est peu claire et génère pour les laboratoires pharmaceutiques un parcours administratif long et difficile. Le fait est que bon nombre de médicaments non réservés à la prescription ont une notice ou un conditionnement peu adaptés à une utilisation directe par un consommateur profane.

Les caractéristiques de la distribution française sont de surcroît peu propices à l'automédication. Les prix des médicaments non remboursables, libres, sont bien souvent supérieurs à ceux des médicaments remboursés, le pharmacien comme l'industriel améliorant leur marge. Les médicaments d'automédication, ayant une AMM, ne peuvent se trouver ailleurs que derrière le comptoir de l'officine, empêchant les comparaisons de prix, à l'inverse des drugstores anglais ou américains où le client cherche les produits sur de vastes rayonnages.

Face à tant d'obstacles, les industriels gardent comme stratégie première de conserver le remboursement d'un médicament et de le promouvoir auprès du médecin. Les coûts de promotion sont moindres, les techniques éprouvées, le retour sur investissement mieux assuré.

Quelques frémissements...

Pour lutter contre la concurrence des produits génériques et des molécules nouvelles, les laboratoires pharmaceutiques cherchent de plus en plus à

---

[35] *Ce fut le cas lors du déremboursement des vitamines en 1986 et des anti-asthéniques en 1991.*

commercialiser des versions « grand public » de leurs produits de prescription selon la stratégie du « switch » (cf. p. 49). Quelques laboratoires ont spécialisé leur activité ou l'une de leur division sur le créneau de l'automédication en France, et lancent sur le marché des versions adaptées de médicaments de grande notoriété.

Les médecins commencent à percevoir positivement la notion de médication familiale, et, afin de respecter les objectifs d'évolution des dépenses de soins de ville fixés avec l'Assurance-Maladie, pourraient prescrire davantage de produits non remboursés. Les pharmaciens, de leur côté, souhaitent développer leur rôle de conseil. Ils promeuvent la notion de « médication officinale », prise en charge par le patient mais sur conseil du pharmacien.

Par ailleurs, les pouvoirs publics pourraient contribuer à alimenter l'automédication en produits actifs et connus des Français. Les difficultés financières de la Sécurité Sociale rendent intenables toute inscription au remboursement de produits nouveaux, innovants et coûteux sur des pathologies graves, si, en parallèle, la liste des médicaments remboursables n'est pas épurée des produits les moins prioritaires.

Ce « nettoyage » de la liste, pour être efficace, devrait s'accompagner de mesures administratives favorisant le « switch » des produits et de messages valorisant la prise en charge directe des produits d'automédication par les consommateurs. Les laboratoires présents sur les créneaux jugés les moins prioritaires pourront ainsi adapter leur stratégie et éviter une diminution trop forte de leur chiffre d'affaires.

La régulation classique du marché du médicament en France

La régulation de la fonction « achat »

Le patient

Depuis une vingtaine d'années, sa situation est caractérisée à la fois par :

— l'insuffisance des politiques de prévention ou de sensibilisation au bon usage du médicament,

— un abaissement progressif du taux de prise en charge des médicaments par l'assurance maladie, et un développement corrélatif de la couverture maladie complémentaire,

— une liberté quasi-intégrale d'accès aux soins.

La **participation financière des assurés sociaux** apparaît d'une efficacité toute relative pour maîtriser l'évolution des dépenses de soins. La

Evolution des dépenses remboursées de pharmacie

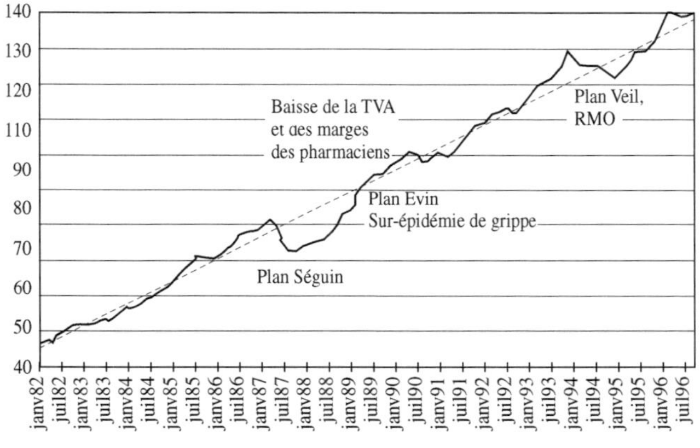

Source : C. Le Pen, « la politique du médicament en France », Regards sur l'Actualité juil.-août 1996, (d'après statistiques mensuelles CNAMTS).
Base 100 : juil 1990

courbe des dépenses de remboursement de médicaments marque une inflexion à la baisse après chacun des relèvements de ticket modérateur, mais reprend sa tendance antérieure, quelques mois ou semestres plus tard. Ces inflexions sont sensibles au moment de la création du taux réduit de remboursement des médicaments (1977), en 1982 (Plan Questiaux : antiasthéniques et antitussifs notamment sont remboursés au taux réduit), en 1985 (vasodilatateurs et veinotoniques remboursés au taux réduit) en 1987 (Plan Séguin, qui prévoit que les médicaments remboursables à 40 % seront effectivement remboursés à ce taux, même s'ils sont prescrits à une personne exonérée de ticket modérateur) et 1993 (Plan Veil : augmentation du ticket modérateur de 5 %). Elles seront toujours de courte durée.

Quant aux **politiques de prévention** et de « formation citoyenne » dans le domaine de la santé, la « consommation de médecine préventive » ne représente que 2 % de la consommation médicale totale (3 % en 1975), soit 14,5 MdsF et 253 F par habitant et par an. Ces efforts restent encore insuffisants.

Le médecin

Le médecin est placé traditionnellement dans la situation suivante :

— une liberté de prescription quasi totale ;

— une régulation démographique de la profession, qui n'a pas empêché la forte progression des effectifs de prescripteurs : de 30 000 médecins en 1950 à 59 000 en 1967 et environ 170 000 en 1996, dont 52 % de généralistes et 48 % de spécialistes et dont 110 000 libéraux ;

— des efforts récurrents mais infructueux pour promouvoir une prescription économe dans un cadre conventionnel ; le montant moyen de dépenses pharmaceutiques prescrit par le médecin généraliste par acte prescripteur — visite ou consultation — s'est élevé à 259,40 FF en 1993 ;

— l'absence d'encadrement financier global de la profession.

L'exercice de la médecine libérale en France a longtemps reposé sur l'autonomie de la profession et un certain nombre de principes fondant le « colloque singulier » entre le praticien et son patient, adoptés par le congrès des syndicats médicaux en 1927 et désormais intégrés au « bloc de légalité » (loi du 3 juillet 1971) : liberté d'installation, libre choix du praticien par le malade, liberté de prescription, entente directe (tarifaire) et secret professionnel. La création de la sécurité sociale et sa généralisation progressive ont tôt imposé l'intégration de cette autonomie dans un système conventionnel, qui ne prend sa dimension actuelle qu'à partir de 1971.

■ *Une association conventionnelle indispensable à la régulation de l'assurance maladie*

Signée entre trois caisses d'assurance-maladie (Caisse nationale d'assurance-maladie du régime général, Caisse centrale de mutualité sociale agricole et Caisse nationale d'assurance maladie des non-salariés non agricoles) et les syndicats médicaux, la Convention nationale des médecins constitue traditionnellement — depuis 1971 — l'axe majeur de la politique de régulation des soins de ville, avec pour objectif de concilier liberté d'accès aux soins, liberté de prescription et assomption collective des dépenses engagées.

Malgré des clauses de plus en plus précises relatives à la maîtrise des dépenses de santé (au traditionnel suivi de l'activité médicale qui fait l'objet de statistiques régulières mais peu opérationnelles, grâce aux tableaux statistiques d'activité des praticiens — TSAP — [36], ont succédé

---

[36] *Les tableaux statistiques d'activité des praticiens font apparaître, par médecin et par trimestre, la nature et le nombre d'actes médicaux réalisés ainsi par les coût des prescriptions. Ils permettent d'établir des « groupes homogènes » de médecins en exercice semblable mais connaissent de nombreuses limites : absence de codage des actes (statistiques au niveau du groupe d'actes caractérisés par une même lettre clé) absence d'information sur la clientèle du médecin (les différences par rapport au*

des dispositifs de « maîtrise concertée » des dépenses), force est cependant de constater la lenteur de mise en œuvre de mesures conventionnelles en la matière. La convention de 1990 permet quelques premières avancées de principe :

— instauration d'une indemnisation des stagiaires de la formation médicale continue, accompagnée d'une augmentation substantielle des crédits qui lui sont affectés ;

— création de « références médicales » relatives à l'utilité de certains actes ou prescriptions, qui toutefois n'étaient pas opposables aux médecins ;

— fixation d'un taux d'évolution des dépenses, qui restait cependant purement indicatif.

L'absence de responsabilisation individuelle ou collective de la profession médicale ou d'encadrement financier, dont la simple évocation est traduite en termes de « rationnement des soins », tout comme la défense des intérêts de la profession ont conduit à un déséquilibre patent.

■ *Une conception libérale de l'exercice professionnel qui comporte de larges conséquences sur la prescription de médicaments*

La liberté de prescription est une pierre d'angle de l'exercice de la médecine, libérale ou non. Au demeurant les **tempéraments** qu'elle reçoit sont modestes.

La convention médicale elle-même en énonce certains, qui s'apparentent à de simples règles de bonne administration (présentation des feuilles de soins, rédaction des ordonnances, respect des règles de cotation des actes...) ; elle rappelle également l'obligation légale et déontologique « d'observation, dans tous les actes et prescriptions, de la plus stricte économie compatible avec l'efficacité du traitement », qui est plus significative, bien que d'effet plus symbolique que réel.

Le code de la santé publique détaille les règles et le champ de la prescription médicale (cf. p. 39). Enfin, le code de la sécurité sociale a instauré des règles particulières de prescription pour certains médicaments particulièrement coûteux et d'indications précises, dits « **médicaments d'exception** », qui doivent faire l'objet de sérieuses précautions de « bon usage ». Les prescripteurs sont destinataires d'une fiche d'information

« profil moyen » peuvent parfaitement s'expliquer par la composition du groupe de patients soignés)

thérapeutique qui prévoit, pour chaque spécialité, les conditions dans lesquelles elle peut être prescrite et rappelle en particulier les indications thérapeutiques précises retenues pour l'inscription sur la liste des médicaments remboursables. Le prescripteur est invité à certifier sur une ordonnance spécifique, qu'il prescrit effectivement le médicament dans les conditions et les indications qui justifient son remboursement. Quant aux caisses d'assurance maladie, leur service liquidateur rembourse le médicament au patient au seul vu de l'ordonnance spéciale et de la vignette à liseré vert qui est apposée sur le conditionnement du médicament d'exception. Le remboursement est soumis au contrôle *a posteriori* du service médical de la caisse qui pourra sanctionner le prescripteur en cas de prescription indue. Une telle procédure ne peut qu'être réservée à quelques médicaments.

L'hôpital en tant qu'acheteur de médicaments

La situation est caractérisée par :

— une gestion financière contrainte,

— un accès simple des médicaments au marché hospitalier,

— une relation directe de l'hôpital-acheteur à l'industriel-fournisseur.

Etendu progressivement de 1983 à 1985, le système de dotation globale encadre le fonctionnement budgétaire des hôpitaux publics et privés participant au service public hospitalier. Les dépenses hospitalières s'en sont trouvées globalement freinées. Les marges de redéploiement interne étant faibles [37], les budgets pharmaceutiques (environ 4 % du total) n'échappent pas à la contrainte financière générale.

Dans ce contexte financier, l'hôpital assume la pleine responsabilité des achats de médicaments dont les prix sont libres depuis la loi du 30 juillet 1987. L'hôpital (soumis à la réglementation des marchés publics) dispose de services d'achats avisés et les négociations, souvent annuelles, de marchés conduisent les laboratoires à consentir des ristournes sur les prix « catalogues » : la concurrence entre industriels-fournisseurs est sévère.

L'activité du pharmacien hospitalier, lorsqu'elle est pleinement assumée, revêt une grande importance : animation d'un « Comité du Médicament » appréciant la valeur thérapeutique des produits et chargé de décider de la politique d'achat dans les grands hôpitaux, mise en concurrence des fournisseurs, liaison avec les médecins tant pour l'appréciation des besoins que pour l'information sur les médicaments achetés, instruments d'aide à

---

[37] *Deux tiers des dépenses sont des dépenses de personnels.*

la prescription... Enfin, le pharmacien hospitalier pourrait demain avoir un rôle-clé à jouer dans l'organisation de l'hospitalisation à domicile.

Les conditions d'agrément des spécialités pharmaceutiques à l'usage hospitaliers sont définies par le code de la santé publique. La demande du laboratoire titulaire de l'AMM est examinée par la Commission de la transparence (cf. p. 118) et l'agrément délivré par les Ministères chargés de la santé et de la sécurité sociale (loi portant diverses dispositions d'ordre social du 28 mai 1996). Des dispositions réglementaires devraient établir les critères de délivrance de l'agrément qui n'ont jusqu'alors jamais été précisées.

Quant à l'inscription du médicament dans la catégorie de ceux **réservés à l'usage hospitalier**, elle n'est pas sans conséquence économique. Les raisons de santé publique étayant cette décision (médicament innovant d'usage particulièrement délicat qui doit être réservé à l'usage de milieux médicaux spécialisés) n'en ont pas été les seuls motifs : le coût élevé de certains traitements a certainement conduit à les réserver à l'hôpital où l'attention scientifique et la contrainte budgétaire cumulées devaient conduire à une utilisation raisonnable. En outre, des motivations d'ordre purement économique peuvent conduire certains laboratoires à ne pas demander le bénéfice du remboursement en ville de leur produit (réserve hospitalière de fait).

Pourtant, certains médicaments peuvent bénéficier d'une mise à disposition par l'hôpital au bénéfice de patients non hospitalisés — soignés en ville : ils sont alors **rétrocédés**. Une telle situation n'est plus rare : les traitements commencés à l'hôpital sont poursuivis en ville (traitement du Sida par exemple) — notamment en cas d'hospitalisation à domicile.

La rétrocession s'est développée au cours des vingt cinq dernières années sans base juridique solide, et la loi du 8 décembre 1992 qui en prévoit le principe n'a pas reçu de texte d'application. De plus, la rétrocession comporte des conséquences économiques non négligeables : elle conduit en particulier l'assurance maladie à prendre en charge sur facturation directe de l'hôpital et à des prix négociés par lui, des médicaments qui ne sont pas admis au remboursement en ville, et qui même, parfois, sont dépourvus d'AMM (Médicaments sous ATU rétrocédés). Les textes d'application de la loi du 8 août 1992 fixeront les critères de définition des médicaments rétrocédables permettant d'en arrêter la liste et le prix.

La régulation de la fonction « vente »

Le système traditionnel de gestion de la liste des médicaments remboursables et de l'établissement de leurs prix

Pour obtenir que son produit soit admis au remboursement par l'assurance maladie, le laboratoire pharmaceutique titulaire de l'autorisation de mise sur le marché doit déposer une demande auprès des ministres chargés de la sécurité sociale et de la santé. Ceux-ci procèdent, par arrêté, à l'inscription du produit sur la **liste (positive) des spécialités remboursables** (art. L162-17 CSS).

Pour obtenir l'inscription sur la liste, le médicament doit, sur le fond, satisfaire à l'une des **deux conditions alternatives** (article R.163-3 CSS) : soit amélioration du service médical rendu par rapport à des produits comparables, en termes d'efficacité ou le cas échéant d'effets secondaires, soit économie dans le coût du traitement médicamenteux. Le code de la sécurité sociale interdit par ailleurs le remboursement de certains produits (eaux minérales, vins et élixirs, produits de confiserie médicamenteuse...) ou spécialités (notamment celles « susceptibles d'entraîner des hausses de consommation ou des dépenses injustifiées », celles dont « les formes, dosages ou présentations ne sont pas justifiés par les nécessités de l'application thérapeutique »...).

En termes de procédure, le médicament fait l'objet d'un examen approfondi par la « **Commission de la Transparence** »(article R.163.9 CSS), créée en 1980, chargée de donner aux ministres compétents un avis sur le bien fondé de la demande de remboursement (en particulier, appréciation du service médical rendu par la spécialité) et les conditions possibles de ce remboursement (indications thérapeutiques à retenir, taux de remboursement, conditionnements, posologie et durées de traitement).

Jusqu'en 1996, la décision d'admission au remboursement comporte également la **fixation du prix de vente de la spécialité**. Cette compétence relève des ministres chargés de la santé et de la sécurité sociale, mais également du ministre de l'économie qui de ce fait, co-signe les arrêtés d'inscription.

La France donne ainsi un exemple achevé de **contrôle administratif des prix**, qui constitue depuis 1945 un instrument essentiel de régulation du marché pharmaceutique. Bien que distincte en droit, les deux décisions (admission au remboursement et fixation du prix) sont en pratique difficilement dissociables.

Aussi bien, le **Comité Economique du Médicament**, qui est destinataire des avis de la Commission de la Transparence, propose-t-il aux ministres une décision unique, après négociation avec les entreprises concernées. Le Comité, créé en 1987 de manière informelle pour permettre une meilleure coordination entre services administratifs concernés (Direction de la Sécurité Sociale, Direction de la Pharmacie et du Médicament puis Direction Générale de la Santé, Direction Générale de la Concurrence de la Consommation et de la Répression des Fraudes, Direction Générale des Stratégies Industrielles) a été confirmé en 1993, et sa présidence confiée à M. Marmot, Conseiller Maître à la Cour des Comptes. Le Comité a été institutionnalisé en 1996. Il statue à l'unanimité de ses membres.

La décision d'admission d'un médicament au remboursement, outre le prix du produit, comporte également son **taux de remboursement par l'assurance maladie** (article L. 322-2 et R322-1 CSS). Les différents taux de remboursement sont fixés à 65 % (situation de principe), 35 % (situation d'exception pour les « médicaments principalement destinés au traitement des troubles ou affections sans caractère habituel de gravité »). Le taux de 100 % est réservé à quelques médicaments « irremplaçables et particulièrement coûteux ».

L'exonération du ticket modérateur est toutefois accordée dans de nombreuses circonstances, notamment lorsque la personne concernée est atteinte d'une affection « comportant un traitement prolongé et une thérapeutique particulièrement coûteuse » (maladies listées à l'article D.322-1 CSS).

Seront abordées au prochain chapitre les modifications apportées à cette procédure par l'accord cadre de 1994 entre l'Etat et l'industrie pharmaceutique, et les ordonnances de 1996.

Les carences du système traditionnel

La gestion traditionnelle de la liste des médicaments remboursables souffre de nombreuses carences. En particulier, les critères de sélection des médicaments remboursables paraissent insuffisants, ce qui a conduit à une gestion souvent sporadique de la liste des médicaments remboursables, sous forme de déremboursements.

■ *Des critères d'inscription sur la liste des médicaments remboursables imprécis*

La notion de **« service médical rendu »** peut donner lieu à de multiples appréciations. L'efficacité est un critère partiellement inadapté à son objet : il s'agit en effet d'une condition majeure d'obtention de l'autorisation de mise sur le marché, qui n'est pas suffisante pour juger de l'admission au remboursement. L'amélioration du service médical rendu suppose également l'établissement d'une comparaison dont le champ, voire la méthodologie restent incertains.

■ *La juxtaposition de deux critères d'alternative stricte* (soit — soit) conduit par ailleurs à une interprétation très répandue, bien que perverse des textes. L'existence d'une amélioration de service médical rendu, même mineure, par rapport aux médicaments comparables justifierait ainsi immédiatement l'octroi d'un prix supérieur.

■ *Une inscription indifférenciée pour l'ensemble des indications de médicament, malgré la procédure du « médicament d'exception »*

Les spécialités pharmaceutiques sont aujourd'hui systématiquement remboursables pour l'ensemble des indications thérapeutiques qui leur sont conférées par l'AMM. Or il paraît évident qu'une même spécialité peut fort bien remplir les critères d'admission au remboursement pour l'une de ses indications et pas pour une autre. L'obtention de l'AMM ne saurait bien entendu garantir que l'ensemble des indications reconnues à ce stade satisfont aux critères d'admission au remboursement, qui sont d'une autre nature.

Un tel raisonnement avait déjà conduit à mettre en œuvre une procédure spécifique de remboursement pour des médicaments « particulièrement coûteux et d'indications précises » dits « médicaments d'exception » (décret du 2 décembre 1994 vu p. 115).

■ *Une procédure de réévaluation périodique de portée limitée et un critère de réinscription inadapté*

Aux termes du décret du 29 mars 1993 « l'inscription sur la liste des médicaments remboursables est prononcée pour **une durée de trois ans** ». Chaque médicament inscrit depuis cette date l'est donc pour une durée limitée et doit faire l'objet d'une réévaluation périodique. La disposition vaut pour les inscriptions prononcées depuis cette date, mais laisse inchangée la situation des médicaments inscrits avant l'intervention réglementaire (inscrits pour une durée illimitée). Cette situation n'étant à l'évidence pas satisfaisante, au regard de l'exigence de réévaluation périodique de l'intérêt des produits, **le stock** des produits inscrits avant le 29 mars 1993 devrait faire l'objet d'un traitement spécifique à cet égard.

Quant au **critère de réinscription**, le décret de 1993 renvoie aux critères positifs d'inscription initiale, ainsi qu'aux critères de radiation, qui peuvent motiver un refus. Ceux-ci, notamment la notion d'ASMR, sont peu pertinents, le contexte concurrentiel et l'utilité du produit ayant évolué.

■ *Un critère de choix du taux de remboursement générateur de contentieux*

Le critère de choix entre un taux de remboursement à 35 % et un taux à 65 % paraît insuffisant. A côté de la gravité de la pathologie, la qualité du service médical rendu par le médicament ou la classe considérée de médicaments, ne peut aujourd'hui être utilisé comme critère discriminant. A vouloir mettre en œuvre un tel critère, de manière implicite, dans plusieurs arrêtés portant baisse du taux de prise en charge de certaines classes de médicaments, les ministres chargés de la santé et des affaires sociales ont vu leurs décisions annulées par le juge administratif.

■ *Une gestion parfois sporadique, sous forme de déremboursements ou de changements de taux de remboursement*

Plusieurs classes de médicaments ont fait l'objet de **déremboursements** au cours des vingt dernières années : anorexigènes en 1979, vitamines en 1987, préparations magistrales en 1989, antiasthéniques en 1991.

Le non remboursement de ces classes de médicaments depuis vingt ans n'est pas choquant en soi : celles-ci ne sont pas plus prises en charge chez nos principaux partenaires communautaires par exemple. Mais la procédure de déremboursement utilisée (motivée par une « efficacité non démontrable objectivement ») ne permet pas la survie du produit sur le marché de l'automédication et pénalise l'industriel sans procurer d'économie durable à l'assurance maladie. On constate en particulier des phénomènes de report de prescription sur des classes de médicaments voisines, parfois plus coûteuses.

Les **changements de taux de remboursement** pour certains médicaments ou classes de médicament sont également largement utilisés depuis la création du taux réduit de remboursement (35 % aujourd'hui) pour les médicaments dits « de confort ».

Mérite d'être signalée l'instauration, en 1993, de **« l'ordonnance bizone »** : l'ordonnance du médecin comprend deux parties en cas de prescription à une personne exonérée du ticket modérateur. Sur la partie haute, le médecin prescrit les médicaments liés au traitement de la maladie qui justifie l'exonération. Sur la partie basse il prescrit les autres médicaments, qui depuis les plans Seguin (1986) et Evin (1988) sont remboursés à leurs taux propres (35 ou 65 %) et non plus 100 % [38]. Ce dispositif semble générer des économies non négligeables et avoir entraîné une modification de la structure des remboursements, et du

[38] *Avant 1986, un médicament remboursable à 35 % ou 65 % était remboursé à 100 % s'il était prescrit à une personne exonérée du ticket modérateur, y compris si la prescription était sans rapport avec la maladie qui justifiait l'exonération (le rhume du diabétique).*

chiffre d'affaires industriel au détriment des médicaments remboursables à 35 % [39].

La tradition d'administration des prix

Depuis 1945 le contrôle des prix du médicament constitue en France un instrument aux objectifs multiples : lutte contre l'inflation, maîtrise des dépenses d'assurance maladie, accès aux soins, politique industrielle et rôle économique traditionnel, rémunération des facteurs de production.

Les prix des médicaments non remboursables et ceux des médicaments agréés à l'usage hospitalier ont cependant été libérés en 1987 (voir plus haut), seuls les médicaments remboursables en ville continuant à être administrés.

Depuis 1948, *trois systèmes se sont succédés* :

■ Le système de « **cadre de prix** » en vigueur de 1948 à 1968 déterminait le prix de vente par addition du prix de revient industriel du produit (coûts de production) et d'une marge forfaitaire couvrant les frais de recherche et les frais généraux (frais administratifs, commerciaux, financiers, rémunération du fabricant).

■ Le système de la « **grille de prix** » substitue à la marge forfaitaire, des marges calculées à partir des éléments comptables fournis par chaque laboratoire. A titre alternatif, il était possible de fixer le prix par comparaison avec celui des spécialités de la même classe thérapeutique. Le moins élevé des deux prix était retenu.

Outre des problèmes d'application évidents (transparence des comptes des entreprises, mauvaise appréciation des coûts de transferts de filiales à entreprise mère en France...) qui généraient des inégalités de traitement au détriment des entreprises françaises, ces systèmes poussaient artificiellement à l'affichage des prix de revient industriels élevés, et n'incitaient pas à une gestion interne économe.

Dès les années 70, se font jour les prémisses d'une analyse des effets thérapeutiques et des coûts des produits, dans le cadre de comparaisons avec des spécialités similaires.

■ Le **décret du 3 octobre 1980** entérine le passage à une logique de concurrence par la qualité thérapeutique, en instaurant des critères d'admission au remboursement cités plus haut. Ces critères correspondent à la reconstitution d'un système quasi-concurrentiel, où l'innovation est valorisée et un produit comparable à des spécialités existantes, admis au remboursement s'il génère une économie.

---

[39] *Cahiers techniques du SNIP mars 1996.*

La relation pouvoirs publics-entreprises évolue également en réaction contre la difficulté des **révisions de prix,** et afin de mieux appréhender la politique de l'entreprise dans son ensemble. Jusqu'en 1968, le système de « cadre de prix » conduisait en effet à un blocage quasi systématique des prix existants. A partir de 1968 la révision du prix individuel de chaque produit, à la demande de l'industriel et suite à une instruction lourde, est admise (hausses de prix dites « dérogatoires »). La nécessité de préserver la rentabilité d'exploitation des produits, dans une période d'inflation accélérée, amène cependant les pouvoirs publics à reconnaître la nécessité de « hausses conjoncturelles » annuelles, avec éventuellement un traitement spécifique des petits laboratoires [40], ou des produits fortement exportés. Enfin, en 1983 une procédure conventionnelle est mise en place et permet aux entreprises d'obtenir des revalorisations de prix en échange d'engagements de politique industrielle (recherche, investissement, exportation...).

Les inconvénients et effets pervers de l'administration des prix, fixés produit par produit, et des difficultés à obtenir leur révision, *ont été largement soulignés* [41].

Pour les pouvoirs publics, force est de reconnaître les difficultés de mise en œuvre des méthodes successives de fixation des prix : insuffisante transparence des comptes des entreprises, inégalités de traitement, pour le « cadre » et la « grille des prix » ; incertitudes de la méthodologie de comparaison entre produits similaires et d'établissement du champ de comparaison à partir de 1980 ; lacune des textes pour les produits innovants sans comparateur, dépendance par rapport aux évaluations de l'AMM, difficultés à maintenir une approche tarifaire convergente pour les produits comparables d'une même classe, superposition avec la logique conventionnelle à partir de 1983 qui conduit à des prix parfois très disparates pour des produits proches.

Les dispositifs successifs de fixation administrée des prix ont-ils au moins répondu à leurs objectifs premiers : maîtrise des dépenses d'assurance maladie et rémunération suffisante des industriels ? Rien n'est moins sûr.

---

[40] *1983 : hausse conjoncturelle de 2 % accordée aux seuls laboratoires dont le chiffre d'affaires est inférieur à 50 MF.*

[41] *« Fixer le prix du médicament », C. Le Pen – Projections la santé au futur n° 4 1991.*

Pour les entreprises, le Syndicat National de l'Industrie Pharmaceutique (SNIP) relève que l'indice de prix des produits pharmaceutiques (base 100 en 1980) se situe à 132,9 en 1995 contre 166,3 pour les services de santé et 205,1 pour le coût de la vie. La profession estime que le contrôle des prix a entravé la recherche et l'internationalisation des laboratoires français (cf. p. 53). Il est souvent noté par ailleurs que le prix moyen des médicaments en France se situerait à un niveau moins élevé que dans la plupart des autres pays européens.

Quelques études comparatives des prix pharmaceutiques européens
Prix à la production

France : indice 100	BEUC (1) (1987)	SNIP (2) (1993)	Apoteksbolaget (3) (1995)
France	100	100	100
Allemagne	193	150	138
Italie	126	94	101
Royaume-Uni	171	115	121

(1) Bureau Européen des Consommateurs,
(2) Syndicat National de l'industrie Pharmaceutique,
(3) Réseau d'Etat des pharmaciens d'officine — Suède.

Néanmoins, selon Lecomte et Paris [42] qui calculent le prix moyen de la journée de traitement type (defined daily dose ou DDD) pour dix classes thérapeutiques, les différences seraient beaucoup moins sensibles. Des prix plus faibles (lorsqu'on les compare pour une même spécialité) sont compensés, en France et encore plus en Italie, par des structures de consommation qui « tirent » vers les produits les plus chers. Pour deux classes de médicaments particulièrement importantes, ce phénomène est désormais bien identifié :

— dans la classe des médicaments antiulcéreux, la sous-classe des inhibiteurs de la pompe à protons, qui ont le prix moyen le plus élevé, est beaucoup plus consommée en France ;

— même phénomène, dans la classe des antibiotiques avec le sous-groupe des céphalosporines.

---

[42] *Op. cité note 31.*

Ainsi, pour le marché français, l'évolution des prix des produits **existants** est très modérée. Pourtant, la progression en valeur de la consommation pharmaceutique sur vingt ans reste très élevée, du fait de la progression des volumes, elle-même tributaire :

— d'une part, de l'évolution des quantités vendues, au sens strict ;

— d'autre part, de celle de la « qualité » des produits vendus (produits nouveaux non compris dans l'assiette de l'indice des prix) et de la « **structure** » des ventes (glissement vers la consommation de produits nouveaux plus chers [43]). Ceci correspond certes à une amélioration tendancielle de la qualité (intérêt thérapeutique) des médicaments remboursables que les pouvoirs publics se doivent de mettre à la disposition des patients, mais représente également un effet des contraintes de fixation et de révision des prix (incitant à présenter des dossiers d'admission au remboursement, pour des produits nouveaux de faible amélioration du service médical rendu, mais qui obtiendront malgré tout un prix supérieur aux produits anciens).

Enfin, la *pression promotionnelle* et l'absence de contrôle de la demande (prescripteurs) concourt indiscutablement à cet « effet structure ». On notera que l'effort promotionnel des laboratoires pharmaceutiques n'a pas fait l'objet d'un encadrement suffisant et a pu croître, dans des conditions de concurrence rude et avec des pratiques parfois criticables, ce malgré l'instauration en 1983 d'une taxe spécifique, dont le taux a été progressivement porté de 3 à 9 % en 1991, et l'assiette élargie à l'ensemble des dépenses publicitaires engagées, y compris et surtout la visite médicale.

La régulation de la fonction « distribution »

Jusqu'en 1990 le calcul de la marge des *pharmaciens* reposait sur un principe de proportionnalité entre le prix fabricant hors taxe (PFHT) de l'industriel et la rémunération du pharmacien, pourcentage fixe du PFHT. Ceci comportait en particulier l'inconvénient de coupler l'évolution du chiffre d'affaire industriel, marqué par un important effet de structure et celle des marges de distribution.

---

[43] *Ainsi que le poids accru des produits remboursés à 65 % par rapport aux produits remboursés à 35 %.*

La marge dégressive lissée

Tranche de prix	Marge sur chaque tranche	Marge sur produit (%) appartenant à la tranche*
0 à 5 F	90 %	90 %
5 à 10 F	56 %	78 %
10 à 17 F	38 %	64,3 %
17 à 30 F	26 %	50,3 %
30 à 70 F	12,3 %	33,8 %
> 70 F	10 %	20 %

* Calculé sur la base du prix moyen des produits situés dans chaque tranche.

C'est pourquoi, après plusieurs baisses du taux de marge des pharmaciens (1982 et 1988) l'instauration d'une marge dégressive par tranche de prix est décidée en 1990 (la « MDL » : marge dégressive lissée). Parallèlement, les « honoraires pharmaceutiques », autrefois possibles pour la délivrance de certains médicaments, ont été supprimés.

Depuis 1990, et très logiquement compte tenu de l'existence de l'effet structure (les médicaments chers sont de plus en plus vendus ; or le taux de marge diminue avec le prix), le taux de marge moyen des pharmaciens sur leur chiffre d'affaires (ventes) diminue lentement (29 % en 1991, 27 % en 1995), avec les effets évoqués plus haut (cf. p. 57).

Quant aux *grossistes*, leur marge est fixée à 10,74 % du prix fabricant hors taxe, inférieure en moyenne à celle de leurs homologues étrangers, ce qui a incité à de constants efforts de productivité (cf. p. 55). La puissante tendance à la concentration du marché s'est accompagnée d'une concurrence forte entre grossistes et a conduit les pouvoirs publics, en novembre 1982, à limiter les ristournes et rabais qui peuvent être consentis au pharmaciens (limite fixée à 2,5 % du prix des spécialités, par mois et par ligne du produit).

En conclusion...

Jusqu'au début des années 90, la régulation du marché pharmaceutique de ville était fortement dissymétrique. Le contrôle de la demande (fonction achat) y était faible ou inefficace : faible contrôle de la prescription dans un cadre conventionnel insuffisamment adapté à la maîtrise des dépenses, inefficacité de la politique du ticket modérateur sensée responsabiliser le « consommateur » de médicament. Le contrôle de l'offre, de nature administrative, était centré sur la fixation des prix et des marges. Sa rigidité même et ses quelques failles ouvraient la voie à des stratégies de contournement.

Ce marché se caractérisait donc par des prix relativement bas, des volumes de ventes en forte croissance, le développement de classes spécifiques de médicaments de faible apport thérapeutique, un effet structure important, une concurrence forte par la promotion, plus que par la qualité, ou bien entendu, par les prix. C'est compte tenu de ces caractéristiques et, à l'évidence, des difficultés financières récurrentes de l'assurance maladie, que d'autres instruments de maîtrise des dépenses pharmaceutiques ont progressivement été mis en place.

Décomposition moyenne* du prix public TTC d'un médicament remboursable en 1995 en France (Source SNIP)

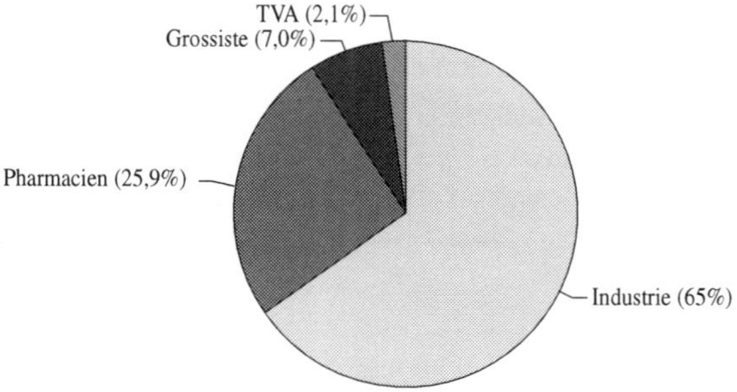

* Il s'agit d'une moyenne car conformément à la logique de la marge dégressive, la marge du pharmacien décroît avec le prix du produit.

Vers une nouvelle régulation du marché pharmaceutique français

La période récente (plans Teulade, Veil, Juppé...) est marquée par un déplacement du point d'application des instruments de régulation, du patient vers le prescripteur et surtout par la mise en œuvre d'une politique de maîtrise médicalisée des dépenses médicales accompagnée d'un encadrement par objectifs de dépenses. Les conditions d'admission et de maintien au remboursement des médicaments sont renforcées, alors que les prix des spécialités remboursables en ville sont désormais négociés dans des conventions Etat-laboratoires, qui constituent un cadre de régulation innovant.

La régulation de la fonction « achat »

Le patient

L'utilisation répétée des augmentations de « ticket modérateur » a désormais atteint ses limites. Par contre la « responsabilisation » du patient pourrait passer par d'autres voies. Ainsi de la mise en place du *« carnet de santé »*. L'initiative conventionnelle [44] a été confirmée par le législateur (Loi du 18 janvier 1994) puis par ordonnance (ordonnance du 24 avril 1996 relative à la maîtrise des dépenses de soins). Le carnet de santé, propriété du malade, lui est remis par sa caisse d'assurance maladie. Présenté obligatoirement lors d'une consultation, il comporte, la mention des actes et prescriptions effectués.

La philosophie de ce dispositif, étendu à toute la population âgée de plus de seize ans (les enfants de moins de seize ans sont déjà titulaires d'un carnet de santé), est celle de la responsabilisation de l'assuré social, mais aussi des médecins. Elle fait du médecin généraliste, la personne de référence pour le suivi médical du patient.

La prescription de médicaments devrait être influencée par la tenue d'un tel document, permettant d'éviter les prescriptions redondantes ou incompatibles, et remédiant ainsi aux effets pervers bien connus du « nomadisme médical », tout en promouvant la coordination et la continuité des soins.

Le médecin

La convention médicale d'octobre 1993, faisant suite à la loi du 4 janvier 1993 (dite loi Teulade) ouvre la voie aux *politiques de « maîtrise médicalisée » des dépenses de soins* en France. Initialement, trois instruments principaux y étaient associés :

— la fixation d'un objectif prévisionnel de dépenses de soins en ville,

— les références médicales opposables,

— le codage des actes, des prescriptions et des pathologies.

Ce dispositif était déjà d'une forte cohérence, et la modération des dépenses en 1994 a prouvé son efficacité. L'augmentation des déficits a conduit à son renforcement sensible par l'ordonnance du 24 avril 1996, qui instaure une enveloppe de dépenses médicales.

Le dispositif initial mettait pour la première fois en œuvre une *médicalisation de la maîtrise des dépenses*, essentiellement par l'établissement de *références médicales opposables* (RMO), destinées à éviter les actes et prescriptions inutiles ou dangereuses, et définies annuellement par les parties conventionnelles. Les normes de bonne pratique sont issues des travaux d'expertise de l'Agence Nationale pour le Développement de

---

[44] *La convention médecins – assurance maladie d'octobre 1993 (Article 28) prévoyait déjà la mise en place d'un « dossier de suivi médical ».*

l'Evaluation Médicale (ANDEM)[45], qui établit l'état de l'art médical sur les sujets choisis, et en réalise la synthèse dans des « recommandations de pratique clinique ». La conversion en « référence médicale » suppose que soient clairement identifiés les soins et prescriptions médicalement inutiles et que soit tiré de ces travaux un enseignement opposable, c'est-à-dire libellé sous forme de conseil négatif : par exemple, « il n'y a pas lieu de prescrire simultanément deux anti-inflammatoires non steroïdiens ».

L'effet des RMO a été sensible en 1994 — notamment sur la classe des médicaments antibiotiques, mais leur effet « psychologique » sur la prescription a été sans doute important, puisque plusieurs classes non expressément visées ont été affectées. La CNAMTS a analysé le respect des RMO par les médecins[46]. Celles-ci paraissent respectées dans l'ensemble, mais avec une assez grande hétérogénéïté. Pour 1995, l'effet sur les prescriptions semble s'être atténué. Sans doute faut-il voir, dans cet affaiblissement, l'insuffisance des procédures de suivi d'application et de sanction (seules quelques dizaines de médecins ont fait l'objet de sanctions financières pour non respect des RMO) ainsi que la suppression d'ores et déjà acquise d'une large partie des prescriptions indues dans les domaines couverts par les RMO.

Références médicales opposables relatives aux médicaments 1994 -1995

Pour 1994, 6 thèmes, soit 15 RMO, couvrant plus du quart du marché des médicaments remboursables en ville :
— prescription d'anti-inflammatoires non stéroïdiens
— prescription des antibiotiques en pratique courante
— traitement du diabète non insulino dépendant
— prise en charge de l'hypertension artérielle essentielle non compliquée
— prise en charge de l'hypercholestérolémie
— prescription des antiulcéreux

Pour 1995, 6 autres thèmes ont été retenus :
— prescription des hypnotiques et anxiolytiques
— prescription plurimédicamenteuse chez la personne âgée
— prescription des vaso actifs
— traitement de l'acné
— prescription des neuroleptiques
— le suivi des psychotiques (traitement par le lithium)

L'enjeu est désormais moins dans l'élaboration et la mise à jour des références (confiées à l'Agence du Médicament pour le secteur pharma-

[45] *Qui est transformée en une Agence Nationale d'Accréditation et d'évaluation santé (ANAES) aux termes de l'ordonnance du 25 avril 1996.*
[46] *Le médecin doit porter sur l'ordonnance la lettre R en regard des prescriptions qui se trouvent dans le champ des RMO.*

ceutique depuis l'ordonnance du 24 avril 1996) dotées maintenant d'une base légale qui les pérennise, même en l'absence d'accord conventionnel, que dans leur mise à disposition des prescripteurs, sous des formes adaptées et utilisables en pratique courante. La mise en œuvre de dispositifs de suivi, et éventuellement de systèmes de sanctions efficaces [47] paraît également indispensable.

Or, **le codage des actes, prescriptions et pathologies** [48] prévu dans la loi du 4 janvier 1993 et hissé au rang de priorité par l'ordonnance du 24 avril 1996 constitue sans doute la condition de mise en place de systèmes de suivi efficaces.

L'informatisation des cabinets médicaux et des pharmacies d'officine, prévue par l'ordonnance du 24 avril 1996, devrait être achevée à échéance de quelques années. Ceci est évidemment nécessaire à la mise à disposition des médecins des bases de données et logiciels d'aide à la prescription. Ceci est également nécessaire à la constitution d'un système d'information médicalisé, qui fait aujourd'hui défaut. L'information sur la prescription de médicaments remboursables est fortement déficiente. Le codage des médicaments et la télétransmission des données de facturation des pharmaciens aux caisses d'assurance maladie, devrait permettre d'y remédier.

Enfin, la fixation d'un **objectif prévisionnel de dépenses** et le principe d'une négociation annuelle des revalorisations tarifaires constituaient la troisième avancée significative de la convention médicale d'octobre 1993. Le pari était fait, qu'un lien pourrait être établi entre le bilan d'application des actions de maîtrise des dépenses et le mécanisme de revalorisation. Mais cette logique n'était qu'esquissée et aucun mécanisme de « compensation » formel de l'écart entre dépenses constatées et prévues n'était véritablement mis en place.

L'ordonnance du 24 avril 1996 relative à la maîtrise médicalisée des dépenses de soins vise à pallier cette carence, tout en renforçant les mécanismes de maîtrise médicalisée.

Outre l'affermissement des références médicales opposables et le développement du codage des actes et des prescriptions, l'ordonnance prévoit, en ce dernier domaine :

---

[47] *L'article L. 162-12-16 CSS résultant de l'ordonnance du 24 avril 1996 prévoit une procédure de sanction par les caisses d'assurance maladie, qui peut être contestée devant les tribunaux des affaires de sécurité sociale.*

[48] *Identification grâce à un code, de saisie informatique simple, des actes médicaux, des pathologies et des médicaments délivrés. L'identification des médicaments sous cette forme est relativement aisée (code barre apposé sur chaque conditionnement). Pour les actes médicaux, l'opération suppose l'établissement préalable de nomenclatures détaillées identifiant les actes. De même pour les pathologies.*

— une formation médicale initiale plus axée sur la pratique courante,

— une formation continue obligatoire pour les médecins,

— des expérimentations de « filières de soins » ; il pourrait être envisagé, dans le cadre expérimental projeté, une prise en charge différenciée à l'instar du dispositif danois (remboursement intégral des soins, le cas échéant en tiers payant, en cas d'adhésion à un secteur de soins coordonné « filtrés » par un généraliste ; remboursement forfaitaire ou ticket modérateur augmenté dans le cas contraire) ;

— un renforcement des pouvoirs du service de contrôle médical des caisses d'assurance maladie.

Dans le secteur du médicament, l'ordonnance instaure une véritable **médicalisation du remboursement**.

L'inscription sur la liste des médicaments remboursables s'effectue désormais clairement **indication par indication**. Le médecin qui est amené à prescrire un médicament en dehors des indications retenues pour l'inscription au remboursement est tenu de le signaler sur son ordonnance. En cas d'infraction à cette règle et de remboursement du médicament dans une indication non remboursable, le service de contrôle médical de la caisse d'assurance maladie pourrait, après saisine d'un comité médical régional, dont l'avis s'impose à la caisse, sanctionner financièrement le médecin (la sanction pourrait aller jusqu'au remboursement de la prescription indûment prise en charge par l'assurance maladie).

Au-delà des instruments de maîtrise médicalisée, l'ordonnance du 24 avril 1996 prend acte de l'insuffisance des mécanismes de bouclage conventionnel des dépenses de soins, et instaure — en recours ultime — **une régulation par enveloppe financière préétablie** avec, en cas de non respect constaté de l'enveloppe, mise en œuvre d'un **dispositif de reversement**, à la charge des médecins. Le déclenchement de la procédure est lié à un constat au niveau national, tandis que les sommes à reverser sont calculées en tenant compte de critères individualisés.

Ce dispositif de bouclage, qui conditionne les revalorisations des actes de consultations et visites médicales au respect d'une enveloppe de dépenses médicales, voit son taux d'évolution encadré par l'objectif national d'évolution des dépenses d'assurance maladie défini par le Parlement, lors du vote de la loi de financement (annuelle) de la sécurité sociale et préparé par les travaux des conférences nationales et régionales de santé. Celui-ci se décline par la suite en un objectif prévisionnel des dépenses médicales (soins de ville), comprenant une enveloppe « prescriptions », à laquelle appartient le médicament.

Il reste toujours de la responsabilité des professionnels de santé de profiter des instruments de maîtrise médicalisée mis à leur disposition, pour que la modération éclairée de leur pratique autorise la revalorisation de leurs tarifs. Si tel n'était pas le cas, en dernière instance, les mécanismes de reversement prévus seraient amenés à jouer.

Information et prescription du médicament

L'information sur le médicament émane de manière quasi exclusive des laboratoires pharmaceutiques. Rares sont les média qui, tels la revue « Prescrire », donnent aujourd'hui des analyses totalement indépendantes en la matière. Le dictionnaire Vidal des médicaments (OVP — éditions du Vidal), qui reprend les termes officiels du RCP (Résumé des Caractéristiques du Produit) approuvé par l'autorisation de mise sur le marché (mais l'actualité de certaines données -notamment les prix — n'est pas toujours garantie), distribué gratuitement à tous les médecins en exercice, reste un outil essentiel d'information et de promotion. La presse médicale pour laquelle la publicité des médicaments représente l'essentiel des ressources, les abonnements étant souvent gratuits, a pâti de la diminution des budgets de promotion des laboratoires.

L'information validée par les pouvoirs publics est désormais disponible : « fiches de transparence » (validées par la Commission de Transparence, éditées et diffusées par l'Agence du Médicament et la Caisse Nationale d'Assurance-Maladie, les fiches comparent entre eux les médicaments de grandes classes pharmaco-thérapeutiques) avis de la Commission de la Transparence (publiés depuis 1996 au bulletin officiel du Ministère des Affaires sociales) prix des médicaments (journal officiel, bulletin de la concurrence et de la consommation, base de données MEDISOC du Régime général de la Sécurité Sociale), références médicales de prescription de nature conventionnelle, recommandations de pratique clinique... D'autres documents devraient encore être mis à la disposition des médecins : « catalogues » de médicaments génériques disponibles, par classe thérapeutique, par exemple.

L'information est disponible, mais est-elle vraiment accessible et opérationnelle ? Sauf effort particulier de la part du médecin, la réponse est aujourd'hui négative. Sans doute *l'informatisation du cabinet médical* constitue-t-elle la seule réponse adéquate en la matière. L'information, clé d'une politique de prescription adaptée médicalement et économiquement mérite une attention vigilante au regard :

— de la parfaite cohérence des supports d'information, qui vont se multiplier ;
— de la bonne utilisation de l'information publique diffusée dans le cadre de média privés ;
— de la neutralité des services (bases de données, logiciels d'aide à la prescription) proposés et de la transparence de leurs procédures d'utilisation et de validation.

L'hôpital, acheteur des médicaments

Sans modifier le cadre libéral du marché pharmaceutique hospitalier, plusieurs dispositions législatives récentes portent en germe des évolutions notables.

Après les *ordonnances du 24 avril 1996*, l'objectif quantifié d'évolution des dépenses hospitalières résulte du vote de la loi de financement de la sécurité sociale. Cette contrainte (clarifiée) s'accompagne d'une responsabilisation des établissements hospitaliers qui concluent avec « l'Agence régionale de l'hospitalisation »[49] des « contrats pluriannuels d'objectifs et de moyens » s'appuyant notamment sur le projet médical et le projet d'établissement. Consécration d'une certaine autonomie des établissements et leur offrant une visibilité de moyen terme, le contrat donne un cadre

— au renforcement de la participation interne des personnels à la gestion hospitalière, via la constitution de centres de responsabilité,

— aux actions d'amélioration de la qualité et de la sécurité des soins,

— à l'engagement dans le processus d'évaluation et d'accréditation de leurs activités par l'Agence nationale d'accréditation et d'évaluation en santé (ANAES),

— à l'établissement des éléments financiers (investissement et fonctionnement) nécessaires à la réalisation des objectifs.

La voie semble désormais ouverte à la confection de recommandations ou références médicales relatives à la prescription de médicaments à l'hôpital, ainsi qu'à l'évaluation des pratiques thérapeutiques. Des « comités du médicament » (cf. p. 116), profondément rénovés et aux missions redéfinies, pourraient y puiser une nouvelle légitimité. Quant aux négociations de marchés, leurs conditions pourraient devenir encore plus difficiles pour les industriels.

En outre, au niveau national, des critères d'agrément des médicaments à l'usage hospitaliers devront, aux termes de l'ordonnance du 24 avril 1996 relative à la maîtrise médicalisée des dépenses de soins, être définis dans le code de la sécurité sociale. Il ne saurait à l'évidence, compte tenu de la logique du marché pharmaceutique hospitalier, être question d'instaurer une sélection identique à celle en vigueur pour les médicaments remboursables en ville. A l'inverse, l'obtention de l'autorisation de mise sur le marché ne saurait suffire à un remboursement du médicament à l'hôpital.

La régulation de la fonction « vente »

Le choix démocratique des priorités de prise en charge

L'ordonnance du 24 avril 1996 dispose que le ministre chargé de la santé réunit chaque année une Conférence Nationale de Santé chargée d'analy-

---

[49] *Placées sous la tutelle directe du ministère de la santé et de la sécurité sociale, les Agences, groupements d'intérêt publics associant services de l'Etat et de l'assurance maladie, sont compétentes pour exercer toutes les missions en matière de planification et d'allocation de ressources.*

ser la situation sanitaire de la population et l'évolution de ses besoins, ainsi que de proposer des « *priorités de politique de santé publique* et des *orientations pour la prise en charge des soins*, compte tenu de l'évolution des techniques préventives, diagnostiques et thérapeutiques ». La composition de cette conférence (représentants des professionnels, institutions et établissements de santé, représentants des conférences régionales parallèlement instituées) en garantit la qualité et l'indépendance.

Elle établit un rapport transmis au Gouvernement, qui en tient compte pour l'élaboration de la loi de financement de la sécurité sociale. Aux termes de la loi organique du 22 juillet 1996, celle-ci « approuve les orientations de la politique de santé et de sécurité sociale » et fixe, pour l'ensemble des régimes de base obligatoires, « l'objectif national des dépenses d'assurance maladie ».

Ce double dispositif (Conférence Nationale de Santé, appuyée sur des conférences régionales ; intervention du Parlement qui vote la loi de financement de la sécurité sociale) est de nature à permettre l'expression de choix démocratiques quant aux traitements qui seront pris en charge par la collectivité. L'importance de ces choix est patente pour le secteur pharmaceutique.

134 *Le renforcement des conditions d'accès au remboursement*

Implicitement au moins, trois objectifs paraissent poursuivis par les pouvoirs publics :

— autonomie de l'accès au remboursement par rapport au droit de l'autorisation de mise sur le marché,

— sélectivité accrue de l'admission au remboursement permettant cependant le maintien ou l'octroi de la couverture de tous les besoins de santé publique, tel que définis, en particulier, par le Parlement (voir ci-dessus).

— précision des critères d'admission au remboursement.

■ *Des critères de sélection précisés*

Bien que liée à l'efficacité du médicament, ainsi qu'à ses effets secondaires, l'appréciation du **service médical rendu** ne saurait se limiter à cette seule analyse déjà réalisée aux fins d'obtention de l'AMM. Plusieurs questions guident déjà l'analyse menée par la Commission de la Transparence [50] :

---

[50] L'évaluation du service médical rendu, *B. Avouac – Thérapie, 1992-47.*

— le traitement médicamenteux revêt-il un caractère préventif, réellement curatif ou simplement symptomatique ?

— quelle est la nature et la gravité habituelle de l'affection traitée ?

— quelle est la place du médicament dans la stratégie globale de traitement de l'affection ? Est-elle centrale ou secondaire ?

— existe-t-il des alternatives thérapeutiques (qu'elles soient de nature médicamenteuse ou non) au traitement médicamenteux proposé ?

C'est la réponse pondérée à l'ensemble de ces questions qui conduit à apprécier l'existence et la valeur d'un service médical rendu.

Dans ce cadre, l'établissement de **classifications de médicaments** [51], officielles et reconnues, en fonction de leurs propriétés pharmacologiques, thérapeutiques, ou de leurs indications revêt naturellement une grande importance.

■ *Une procédure de réévaluation généralisée*

Tous les médicaments remboursables inscrits sur la liste avant 1993 doivent faire l'objet d'une réévaluation. Cette opération de « révision des services votés » [52] doit permettre d'épurer la liste des médicaments remboursables de spécialités qui ne répondraient plus aujourd'hui aux critères d'admission, mais qui ont, le cas échéant, parfaitement leur place sur le marché de l'automédication.

■ *Une inscription indication par indication*

Aux termes de l'ordonnance du 24 avril 1996 (article 22 modifiant l'article L. 162-17 CSS), l'admission au remboursement d'un médicament est appréciée indication par indication. Certaines d'entre elles peuvent justifier l'inscription du produit sur la liste des spécialités remboursables, d'autres pas. Le périmètre du remboursement pourra être différent, tout en s'inscrivant par hypothèse dans ses limites, de celui de l'autorisation de mise sur le marché.

Cet aspect va bien au delà de la nuance. Il nécessite sans doute que soit engagée une réflexion sur la **notion d'indication thérapeutique**. Celle-ci, déterminée au niveau de l'AMM, devient de plus en plus précise, donc difficile à interpréter voire à respecter, parfois dictée, du côté des laboratoires demandeurs par des considérations plus commerciales que

---

[51] *La classification des médicaments dite ATC (Anatomique Thérapeutique Chimique) est dominante au plan international.*

[52] *Selon l'expression de M. Marmot, Président du Comité Economique du Médicament et Secrétaire Général de la Commission des Comptes de la Sécurité Sociale jusqu'en décembre 1996 – voir également rapport de cette Commission juin 1996.*

scientifiques. Il introduit pour les pouvoirs publics la possibilité de faire **acte d'achat** en fixant précisément les caractéristiques du bien acheté (qualité, périmètre d'action thérapeutique, prix, volume...) et cela de manière parfaitement distincte de l'existence d'un rapport bénéfice-risque positif du médicament (délivrance de l'AMM). Ceci paraît parfaitement cohérent avec la mise en œuvre d'une politique conventionnelle avec les laboratoires pharmaceutiques.

Une régulation conventionnelle élargie avec les laboratoires pharmaceutiques

Celle-ci est consacrée par la **loi portant diverses dispositions d'ordre social du 28 mai 1996** (article 61).

La loi affirme d'abord l'existence du Comité Economique du Médicament créé « auprès des ministres compétents ». Celui-ci « contribue à l'élaboration de la politique économique du médicament » et « met en œuvre, en ce qui le concerne, les orientations, relatives notamment à la maîtrise des dépenses de remboursement, qu'il reçoit des ministres ». « Il applique ces orientations à la fixation des prix des médicaments » à laquelle il procède par voie de conventions conclues avec les entreprises ou groupes d'entreprises.

Ces dispositions législatives, qui devraient s'accompagner d'une association plus étroite de l'Assurance Maladie aux travaux du Comité Economique, marquent une double rupture :

— institutionnalisation du Comité Economique du Médicament,

— fixation conventionnelle des prix des médicaments, la procédure de fixation réglementaire demeurant à titre subsidiaire.

A la vérité, ces textes confirment ce qui était devenu une réalité depuis la conclusion du **premier accord cadre Etat-Syndicat National de l'Industrie Pharmaceutique (SNIP) le 25 janvier 1994.** Son texte et la pratique qui en est résultée contenaient en germe la consécration législative du 28 mai 1996.

■ *La mise en œuvre de l'accord cadre*

Près de 130 conventions ont été conclues de 1994 à 1996, couvrant environ 95 % du chiffre d'affaires de l'industrie en médicaments remboursables. Des avenants conventionnels permettent de faire évoluer le contrat initial en tenant compte, par exemple de l'inscription au remboursement d'un nouveau produit. Parmi les signataires, on trouve tous les grands laboratoires français ou étrangers ainsi que la plupart des laboratoires de taille moyenne ou modeste (des conventions simplifiées ont été conclues avec les laboratoires dont le chiffre d'affaires n'excède pas 60 MF), ce qui tend à démontrer le succès rencontré par cette politique.

Pour les industriels, la mise en œuvre de l'accord cadre apporte **une visibilité de moyen terme** nécessaire aux stratégies d'entreprises ainsi que la possibilité d'instaurer des relations suivies et transparentes avec les administrations compétentes. Toutefois, en 1996, un bouclage macro-économique des dépenses relatives aux médicaments, compte tenu de leur forte évolution en 1995, a été imposé par le biais d'une contribution « exceptionnelle et provisoire » de 2,5 milliards de francs pesant sur les industriels du médicament (instaurée par l'ordonnance du 25 janvier 1996).

■ *La modernisation de la structure des prix*

Les conventions proposées par les laboratoires pharmaceutiques visent à moderniser la structure des prix des produits tout en permettant de maîtriser les volumes commercialisés [53]. Les entreprises proposent, pour l'essentiel, des hausses de prix pour des médicaments fortement exportés ou n'ayant pas fait récemment l'objet d'un réajustement. Le Comité Economique du Médicament est amené à refuser des hausses de prix sur des produits ne présentant pas au regard de l'appréciation portée par la Commission de la Transparence, un intérêt thérapeutique suffisant. Le Comité veille également à éviter les effets d'entraînement au sein d'une même classe thérapeutique.

Enfin, pour les produits innovants, le Comité prend désormais en compte les prix de référence internationaux, parmi les critères guidant son appréciation. Leurs prix français s'inscrivent maintenant dans les moyennes communautaires.

■ *La politique de bon usage du médicament*

Le Comité exige le **respect de volumes de ventes « médicalement justifiés »**, définis dans la convention (globalement, ou individuellement pour les produits les plus importants). Il s'agit là d'une politique classique d'échange prix-volume, qui tient compte des spécificités de chaque produit au sein d'une classe thérapeutique, de la concurrence et du contexte propre à sa commercialisation (classes en forte expansion, classes affectées par une référence médicale opposable,...).

Les hausses de prix accordées sur des produits « haut de gamme » sont souvent compensées par un encadrement des volumes de ventes mais aussi

---

[53] *Le premier accord cadre renvoyait explicitement à un objectif national d'évolution des dépenses d'assurance maladie relatives aux remboursements de médicament, non fixé en 1995 et 1996.*

par des baisses de prix sur des spécialités jugées moins prioritaires. C'est tout l'intérêt d'une analyse menée au niveau de l'entreprise, et non produit par produit, éclairée par l'exposé des orientations stratégiques du laboratoire.

Enfin, le **chiffre d'affaires global** du laboratoire en médicaments remboursables a fait l'objet d'un encadrement spécifique sanctionnable (plafond d'évolution) [54].

La décroissance des dépenses de promotion est la seconde facette de la politique du bon usage du médicament. Toutes les conventions proposées comportent des engagements précis relatifs au bon usage du médicament (respect des indications thérapeutiques retenues pour l'admission au remboursement, des posologies, respect des avis des commissions scientifiques compétentes et de la commission de la publicité...) et à la réduction significative des dépenses de promotion des laboratoires. Les dépenses de promotion exercent en effet une action d'entraînement très forte sur le chiffre d'affaires des laboratoires et sur les dépenses d'assurance maladie. L'industrie pharmaceutique a convenu, dans l'accord cadre du 25 janvier 1994 de la nécessité de leur décroissance, qui, pour chaque convention, s'appuie sur les trois principes suivants :

— l'engagement est global et le Comité s'interdit d'exiger un effort sur tel ou tel poste particulier de dépenses ;

— l'engagement tient compte des spécificités de chaque laboratoire, qui peuvent justifier des efforts de promotion très différents ;

— le non respect de l'engagement est sanctionnable (révision des prix accordés).

■ *Les remises conventionnelles*

La possibilité de verser des remises conventionnelles a été confirmée par la loi du 28 mai 1996 [55]. Celle-ci était réclamée par certains laboratoires au titre de mesure alternative aux traditionnelles baisses de prix : la plus grande importance est en effet attachée, dans certains cas, au maintien du prix en tant que référence internationale. La remise d'une partie du chiffre d'affaires, en cas de dépassement des engagements relatifs aux volumes de ventes des produits, constitue dès lors un mécanisme alternatif intéressant.

---

[54] *Ce n'est pas le cas des conventions simplifiées signées avec les petits laboratoires.*
[55] *Modifiant l'article L. 162-18 CSS.*

■ *La politique du générique*

Dès 1994, le Comité Economique du Médicament a reçu mandat d'encourager chaque fois que possible le développement de projets comportant **la mise sur le marché de médicaments génériques**.

La politique d'augmentation progressive du prix des produits innovants pour rejoindre les moyennes européennes, consécutive à l'accord-cadre de 1994, dégage une marge de manœuvre pour de vrais génériques moins chers, sur un nombre croissant de molécules. La création d'une offre crédible (cf. p. 108) a été encouragée par les relations conventionnelles entre les entreprises et le Comité Economique du Médicament, et par la définition d'une politique de prix du générique claire et novatrice [56], assurant visibilité aux entreprises et économies à la Sécurité Sociale : en dessous d'un plafond de prix fixé 30 % au dessous du prix du produit de référence [57], chaque laboratoire est libre de fixer son prix et de l'ajuster à tout moment pour s'adapter à la concurrence.

L'Agence du Médicament facilite et accélère l'enregistrement des médicament génériques, tout en veillant à s'assurer de la qualité pharmaceutique de ces spécialités. 53 % des AMM attribuées en 1995 ont concerné des médicament « essentiellement similaires » [58].

Une définition précise des médicaments génériques est désormais posée par le Code de la santé publique [59]. La dénomination de ces spécialités peut être la dénomination commune internationale suivie d'un nom de marque, ou un nom de fantaisie suivi d'un suffixe distinctif (*Gé*). Enfin, dans la publicité du produit auprès des professionnels, la spécialité devra être présentée comme générique.

Le succès de cette politique est cependant conditionné par le développement de la demande. L'ordonnance du 24 avril 1996 rappelle expressément aux médecins le principe de prescription économe [60] et la fixation de

---

[56] *« Rapport à Monsieur le Ministre du Travail et des Affaires Sociales : le développement des médicaments génériques », Comité Economique du Médicament, Mars 1996.*

[57] *Le prix de référence étant celui du produit original en situation d'exclusivité. Le plafond a pu être fixé seulement 20 % en dessous du prix de référence durant l'année 1996, année de lancement de la politique du générique.*

[58] Source *Rapport d'activités 1995 de l'Agence du Médicament.*

[59] *Article L. 601-6 issu de l'ordonnance du 24 avril 1996 relative à la maîtrise des dépenses de soins (cf. p. 106).*

[60] *Article L162-1 CSS : « les médecins sont tenus, dans tous leurs actes et prescriptions d'observer, dans le cadre de la législation et de la réglementation en vigueur, la plus stricte économie compatible avec la qualité, la sécurité et l'efficacité des soins ».*

l'objectif prévisionnel d'évolution des dépenses médicales, dont le respect conditionne la revalorisation des honoraires, devrait en faciliter la mise en œuvre. La formation continue obligatoire, l'utilisation de logiciels d'aide à la prescription devraient dorénavant inciter largement le médecin à prescrire, lorsque cela est possible, des génériques. Une information institutionnelle à son intention comme à celle du grand public créera de surcroît les conditions d'une meilleure connaissance de ces produits et d'une comparaison des prix [61].

Quant à la possibilité donnée au pharmacien de substituer un médicament générique au médicament prescrit par le médecin, elle pourrait bien être plus subie que voulue, les officines n'ayant de toute façon pas les moyens de stocker la totalité des gammes de génériques. A ce stade, un éventuel droit de substitution fait l'objet de débats récurrents, notamment en ce qui concerne le mode d'intéressement du pharmacien à la dispensation de médicaments génériques.

Au total, les économies qui pourraient être réalisées par la Sécurité Sociale grâce au développement du marché des génériques (quelques milliards de francs — au mieux et à terme) compenseront cependant à peine les lourdes charges résultant de nouveaux médicaments toujours plus coûteux.

■ *Quelques autres aspects de la politique conventionnelle*

La politique conventionnelle permet également de mener à bien les efforts entrepris pour mieux adapter les **conditionnements** des médicaments aux posologies et durées de traitement recommandées. Il y a là une source d'économies potentielles non négligeables pour l'assurance maladie.

Enfin, **la conversion de produits à l'automédication** trouve naturellement sa place dans l'établissement de relations conventionnelles de moyen terme avec les entreprises, qui doivent bénéficier des délais nécessaires à l'adaptation éventuelle de leurs spécialités et de leur stratégie (cf. p. 112).

Au total, la politique conventionnelle mise en œuvre depuis 1994 constitue **un véritable tournant dans les relations Etat-entreprises pharmaceutiques**. Son apport propre à la politique de maîtrise des dépenses d'assurance maladie est important.

Elle pourrait également largement contribuer, si les tendances actuelles sont confirmées, à l'émergence de nouvelles règles du jeu concurrentiel sur le marché pharmaceutique. En effet :

---

[61] *La question se pose toutefois de la compatibilité d'une promotion des génériques axée sur les prix avec la réglementation de la publicité comparative.*

— la fixation du prix des spécialités innovantes tient mieux compte de leur intérêt thérapeutique et des prix de référence internationaux ;

— le cadre conventionnel facilite les révisions de prix à l'intérieur d'un même portefeuille, à la hausse et à la baisse ;

— la concurrence par les prix pourrait devenir de règle pour les médicaments qui ne sont plus protégés par un brevet et peuvent être « génériqués » ; elle joue déjà sur certaines classes thérapeutiques très « encombrées » (antibiotiques, veinotoniques...) ;

— la réinscription d'un produit sur la liste des médicaments remboursables après plusieurs années de commercialisation devrait être soumise à l'examen de son « service médical rendu » en pratique courante ; en cas de « déception » par rapport à l'évaluation initiale, une réfaction du prix initial pourrait être envisagée.

Plus globalement, le dispositif conventionnel français ne constitue-t-il pas l'amorce de relations nouvelles de vendeur à acheteur entre laboratoires pharmaceutiques et pouvoirs publics ?

Le premier accord cadre entre l'Etat et l'industrie pharmaceutique a pour échéance le 31 décembre 1996. Le deuxième accord cadre devrait permettre la consolidation de la politique conventionnelle. Par ailleurs, devra être organisée la symbiose entre une enveloppe de prescription régulée au niveau des médecins et une gestion des prix, des inscriptions au remboursement et, dans une certaine mesure, des volumes de vente, mise en œuvre au niveau des industriels pharmaceutiques par le biais conventionnel.

La régulation de la fonction « distribution »

Le principe d'une contribution exceptionnelle des grossistes répartiteurs au profit de l'assurance maladie, accompagnée d'un plafonnement des remises accordées aux pharmaciens d'officine, a été mis en œuvre par la loi du 31 juillet 1991. La contribution a été reconduite d'année en année, puis pérennisée par la loi du 12 avril 1996. Assise sur le chiffre d'affaires hors taxe en médicaments remboursables, elle est acquittée trimestriellement à un taux variable en fonction de l'évolution du chiffre d'affaires du trimestre considéré, par rapport au même trimestre de l'année précédente.

Le taux de contribution sur le chiffre d'affaires est déterminé au niveau de la profession dans son ensemble et applicable uniformément à l'ensemble des entreprises de répartition [62]. Le barème des taux applicables (qui va de 0,5 % à 1,5 %) tient compte de situations de régression du marché pharmaceutique remboursable, et atténue le poids de la contribution dans ce cas. La contribution agit comme un instrument de régulation des bénéfices de la profession et interdit « l'enrichissement sans cause », s'agissant d'intermédiaires qui, de par leur position, ne peuvent que prendre acte des évolutions du marché.

En conclusion...

La dissymétrie entre contrôle de la demande et encadrement de l'offre pharmaceutique a été fortement atténuée en France depuis le début des années 90.

Le contrôle de la demande (fonction « achat ») a été renforcé : mise en œuvre d'outils de maîtrise médicalisée de la prescription, et plus récemment encore, mécanisme de régulation financière qui fait peser sur les médecins prescripteurs la responsabilité d'une adaptation de leur pratique, sous peine d'une non revalorisation de leurs honoraires, voire d'un reversement financier ex post. Ce dernier dispositif est articulé avec une procédure de choix démocratique des priorités de santé publique, qui conduit à établir un taux annuel de progression des dépenses d'assurance maladie. Cette procédure devrait également servir de déterminant au contrôle de l'offre, du moins à l'orientation sélective donnée au processus d'admission des médicaments au remboursement.

Quant au contrôle administratif des prix, il est en voie de mutation profonde, et désormais de nature conventionnelle ; son assouplissement, couplé au dispositif de maîtrise médicalisée et financière de la demande mise en place par ailleurs devrait conduire à une évolution notable des caractéristiques principales du marché pharmaceutique français : prix de vente se rapprochant du niveau moyen européen, maîtrise des volumes de vente, régulation de la concurrence promotionnelle, maîtrise de l'effet structure, concurrence par la qualité des produits et apparition d'une concurrence par les prix.

---

[62] La loi de financement de la Sécurité sociale pour 1997 prévoit l'extension de cette contribution aux ventes « directes » réalisées par les laboratoires pharmaceutiques (cf. p. 56).

CONCLUSION : UNE NOUVELLE DONNE ?

Le marché pharmaceutique : les exigences et les faits

Cinq d'entre eux méritent d'être relevés :

■ Le **coût du progrès pharmaceutique** est désormais très élevé. La mise au point définitive d'une nouvelle molécule mobilise pendant de nombreuses années moyens humains et techniques importants et coûteux, sans garantie de succès.

■ Or le marché pharmaceutique est désormais fortement soumis à la **contrainte du financement**. Les cinquante dernières années sont marquées par la mise en place — dans les pays industrialisés — de systèmes de prise en charge collective des soins et des médicaments. La progression des dépenses de santé et le ralentissement de la croissance économique mettent aujourd'hui ces dispositifs à mal et contraignent à des exercices, plus ou moins difficiles, de « contention des coûts ». Ceci ne peut manquer d'avoir des conséquences sur l'ensemble des acteurs du marché pharmaceutique.

■ D'autant que **l'accès et l'égalité d'accès aux soins** constituent également des exigences éthiques désormais acceptées. Comment et au nom de quoi refuser en effet l'accès à tel traitement susceptible de sauver des vies, de les prolonger ou même d'en atténuer les souffrances ? Au moins est-ce la conception **solidaire** et égalitaire d'accès aux soins qui prévaut très largement en Europe.

■ L'exigence de **sécurité sanitaire** paraît primordiale pour les producteurs de médicaments et pour les pouvoirs publics. Le risque est cependant inhérent à la thérapeutique. Au plus peut-on s'efforcer d'évaluer (mais dans des conditions qui différeront toujours de l'usage courant) le rapport entre le risque encouru et les bénéfices attendus des médicaments, et d'éliminer ceux dont le rapport serait défavorable. Les succès des politiques de sécurité sanitaire sont notables, mais, aujourd'hui limités aux seuls pays industrialisés, doivent être étendus aux pays en voie de développement.

■ Enfin, dans un tel contexte, **la compétition industrielle exacerbée** conduit à un mouvement de restructuration important de l'industrie pharmaceutique. La structure des marchés évolue de manière concomitante et tend — grossièrement — à se concentrer autour de trois pôles : médicaments innovants, médicaments génériques, médicaments d'automédication.

Chacune de ces exigences ou contraintes s'impose désormais de fait au marché pharmaceutique, non sans tensions ni contradictions parfois difficiles à dépasser, et s'inscrit en outre dans un contexte d'intégration européenne progressive.

La constitution d'une Europe du médicament

L'Europe de la pharmacie et du médicament constitue une réponse aux préoccupations des entreprises, qui souhaitent s'adresser à un marché harmonisé. Mais elle favorise aussi l'accès de tous les Européens aux meilleurs traitements et vise à améliorer leur protection sanitaire. Elle permet enfin de constituer un pôle cohérent, face aux Etats-Unis ou au Japon dans la perspective d'une harmonisation des réglementations, et face aux stratégies des firmes internationales [1].

De 1957 à 1992, priorité est donnée à la construction du marché intérieur européen. L'objectif est la libre circulation effective des personnes (en l'occurrence, les pharmaciens et les étudiants), des biens (les médicaments), des services et des capitaux. Des définitions des médicaments et des dispositifs médicaux ont ainsi été rapidement adoptées au niveau communautaire.

L'œuvre normalisatrice dans le domaine du médicament est impressionnante, et aboutit à une convergence des pratiques industrielles et administratives européennes en matière d'AMM et de surveillance des produits pharmaceutiques. Depuis la première directive de 1965, pas moins de 33 directives et 6 règlements ont été publiés dans le secteur du médicament, conduisant à la création de l'Agence Européenne du Médicament et des procédures européennes d'enregistrement. **Le succès des procédures communautaires d'enregistrement** dès l'année 1995 a montré combien cette politique correspondait à une attente des industriels.

L'importance de la procédure centralisée, le rôle croissant d'arbitrage de l'Agence Européenne, l'extension qu'elle souhaite de ses compétences (vers la pharmaco-économie, l'inspection, les essais cliniques ?) laissent d'ores et déjà présager la prégnance communautaire en matière d'enregistrement. Tel n'est pas le cas en matière économique.

L'harmonisation européenne des systèmes de prix et de remboursement ?

L'Union Européenne n'a pas de compétence dans le domaine de la Sécurité Sociale, qui reste du ressort des Etats-Membres, en vertu du principe de subsidiarité. Mais l'élimination des entraves injustifiées aux échanges est

---

[1] Le médicament et l'Union Européenne : la nouvelle donne, *G. Viala, M.-D. Campion, Les Petites Affiches 59 18/05/94.*

une des priorités de la Commission Européenne. Or les mesures prises par certains états en matière de contrôle des prix et de remboursement des médicaments peuvent être incompatibles avec le droit communautaire, lorsqu'elles sont disproportionnées [2].

Dans cette optique, la directive du 21 décembre 1988, dite « **Directive Transparence** », établit une série d'exigences minimales relatives aux dispositifs nationaux d'admission au remboursement, de contrôle ou de fixation des prix des médicaments [3]. Aucune réglementation ne doit notamment défavoriser les produits importés. La directive pose quelques grands principes — transparence des procédures et des critères de décision, délais opposables, information et recours des demandeurs — pour chacun des systèmes en vigueur en Europe : prix administrés, contrôle des profits, liste positive ou négative d'admission au remboursement.

Toutefois, la directive n'a eu ni pour objet, ni pour effet de faire converger ces dispositifs, même si la Commission explore toutes les voies vers une plus grande harmonisation des systèmes nationaux : organisation de la circulation des informations économiques, instruction de plaintes d'entreprises, analyse de la compatibilité de toute nouvelle disposition nationale avec la réglementation européenne, etc. Le Comité consultatif institué par la directive, composé des Etats-Membres et de la Commission, est un lieu d'échange et de coopération en vue d'une harmonisation européenne, mais les opinions y sont encore fortement hétérogènes.

La revendication de prix harmonisés en Europe est une antienne des industriels. La procédure européenne d'enregistrement ne fera par ailleurs qu'accentuer la simultanéité des mises sur le marché nationales, essentiellement pour les médicaments innovants. Comment dans ce cas expliquer des prix variant du simple au double entre les extrêmes européens ?

En outre, les différences de prix souvent importantes entre les pays de l'Union Européenne génèrent des **importations parallèles** de médicaments. De nombreux opérateurs trouvent ainsi intérêt à acheter des médicaments dans un pays à niveau de prix bas (France, pays du sud de l'Europe) pour les revendre dans un pays à prix libres et/ou élevés (Allemagne, Pays-Bas, Royaume Uni principalement). Ce commerce parallèle bénéficie avant tout à l'intermédiaire, qui prélève une partie de la différence de prix à son profit. Plusieurs pays, soucieux de réaliser quelques économies de santé avec ce commerce parallèle, l'encouragent

---

[2] *Arrêt CJCE Roussel du 29 novembre 1983, arrêt CJCE Duphar du 7 février 1984...*

[3] Les systèmes d'admission au remboursement et de fixation des prix des médicaments au sein de la CEE – *P. Vidal, communication au colloque INSERM-DPHM 1990.*

par des agréments facilités (selon une estimation de la Commission Européenne, les importations parallèles représentent aux Pays-Bas 14 % du marché pharmaceutique, 8 % au Royaume Uni). A l'opposé, les grandes firmes pharmaceutiques font valoir leur perte de marge et la désorganisation de leur structure de production qui résultent du commerce parallèle. Elles arguent de l'incompatibilité entre absence de liberté des prix dans certains pays et libre circulation des produits en Europe, prônée par la Commission Européenne et la Cour de Justice des Communautés Européennes (cf. l'arrêt CJCE « Merck/Primecrown » du 5 décembre 1996).

Certes, progressivement, de nombreux états européens où les prix des médicaments sont administrés prennent en compte dans leur procédure de décision les prix d'autres pays. La France en a fait un critère dans son accord cadre avec l'industrie pharmaceutique. Quelques pays, dont l'Italie et les Pays-Bas, établissent le prix des nouvelles spécialités en tenant compte des prix pratiqués dans quelques autres Etats-Membres. A terme, une convergence des prix devrait ainsi être obtenue.

L'utilisation des prix étrangers pour décider d'un prix national suppose qu'un ou deux premiers pays européens aient ouvert la voie, et puissent servir de référence. Il y a alors place pour des stratégies industrielles élaborées d'introduction sur le marché européen, optimisant le prix « européen » final par une première mise sur le marché dans un pays jugé « favorable » [4]. C'est sans doute ce qui poussera les Européens à accentuer les échanges afin d'aboutir un jour à une position concertée face aux innovations majeures et coûteuses.

Enfin, la référence des prix internationaux ne saurait effacer les différences entre marchés nationaux (notamment leur dimension, les volumes de vente attendus, les marges de la distribution) qui peuvent justifier des différences de prix selon une parfaite logique de marché.

Quelles ressources pour financer la recherche ?

Qui financera les investissements nécessaires pour développer et enregistrer une nouvelle molécule sur tous les grands marchés mondiaux ? Depuis des décennies, ce sont les **consommateurs** d'aujourd'hui, à travers leurs régimes de protection sociale, qui financent l'innovation de demain. Cependant, l'inflation des coûts de développement, la montée en puissance d'« acheteurs » assureurs n'hésitant pas à faire jouer la concurrence pour

---

[4] *De là à estimer que le prix européen sera le prix-cible décidé par quelques « managers » à New-York, Londres, ou Minneapolis, il n'y a qu'un pas... Cf. allocution de M. Marmot, Président du Comité Economique du Médicament au colloque de l'AMIP du 24/06/1996.*

obtenir les meilleurs prix, la concurrence qui s'amplifie sur les produits courants avec notamment l'arrivée rapide des médicaments génériques, l'essor de producteurs nouveaux dans les pays en voie de développement et les « nouveaux dragons » (Inde, Corée, Chine,...), sont autant de pressions qui réduiront les marges des industriels, et donc les capacités d'auto-financement de la recherche.

Avec l'aversion grandissante des **acheteurs publics** pour les « me-too », seuls les produits les plus innovants et les plus indispensables, en situation de quasi-monopole et donc capables d'imposer aux acheteurs des prix élevés, paraissent assurés d'obtenir de bonnes marges.

Faut-il alors faire appel au **capital-risque** ? Les investisseurs ne sont pas prêts à miser des sommes considérables sur de longues années sans avoir un retour sur investissement garanti : les projets n'apportant pas une garantie de progrès significatif seront éliminés.

Faut-il se tourner vers les **pouvoirs publics** ? Certes, le domaine de la santé bénéficie en général d'arbitrages favorables dans l'allocation des ressources publiques. Mais les tensions sur les finances publiques laissent peu d'espoir à un accroissement significatif du soutien public en faveur de la recherche académique et industrielle sur le médicament.

La **partition du marché pharmaceutique** qui découle de ces évolutions (molécules innovantes — génériques/me too — automédication) devrait se retrouver dans le monde industriel. En forçant le trait, quelques grandes firmes multinationales pourraient voir le jour (comme le laissent présager les fusions-acquisitions récentes), disposant de parts du marché mondial nettement plus significatives que celles que possèdent aujourd'hui les principaux laboratoires, et animant tout un réseau de PME de recherche très innovantes. D'autre part, seules prospéreraient également des sociétés commerciales assurant l'exploitation de gammes de génériques ou de quelques spécificités locales -les fortifiants ici, l'homéopathie là...

Sans doute y aura-t-il encore place pour des PME pharmaceutiques bien positionnées sur certaines niches thérapeutiques, pour des sous-traitants spécialisés dans quelques technologies pointues de façonnage, pour des producteurs locaux dans les pays en voie de développement. Il y a sûrement place également pour des stratégies de « me-too » concurrentiels : de bonnes remises sur les prix peuvent compenser un avantage thérapeutique manquant et permettre d'acquérir des parts de marché rémunératrices.

Cependant, c'est bien sans doute la fin d'un certain modèle de l'industrie pharmaceutique, des « chasses gardées » nationales et des marchés protégés qui est annoncée.

Des risques de confusion entre politiques de sécurité sanitaire et exigences propres liées à la prise en charge des médicaments ?

L'agrément des médicaments repose désormais sur des critères connus des industriels, progressivement harmonisés au plan communautaire et international. Le durcissement de ces critères s'accompagne d'un mouvement de reconnaissance mutuelle des autorisations délivrées. Autant le premier aspect contraint les industriels à des recherches plus coûteuses et plus longues, autant le deuxième, qu'ils contribuent largement à susciter, leur permet d'espérer une ouverture large et rapide de marchés importants. Dans cette perspective, l'industrie a bien entendu tendance à essayer d'assimiler autorisation de mise sur le marché et admission au remboursement. Dans un certain nombre d'états européens, et singulièrement en France, il est vrai que la sélectivité du remboursement a longtemps été particulièrement faible.

Pour autant, les difficultés des systèmes d'assurance maladie remettent en cause cette assimilation hasardeuse, qui effacait les dimensions économiques et sociales de la prise en charge. Les **critères d'admission au remboursement des médicaments** (comparaisons entre produits d'une même classe pharmaco-thérapeutique, prix, volumes achetés, caractéristiques précises du produit et notamment champ et modalités de l'utilisation — indications thérapeutiques, conditionnement, posologie...) diffèrent des critères d'agrément par les autorités sanitaires et tendent à devenir des critères d'achat.

Une deuxième tension naît de l'**autorisation d'utilisation**, voire du financement, de plus en plus précoce du médicament, avant même l'octroi de l'autorisation de mise sur le marché (sous le régime des ATU en France). « Il y aurait non-assistance à personne en danger à ne pas mettre à la disposition de patients dont la santé en dépend, telle spécialité pharmaceutique dont les effets indésirables ne sont ni totalement connus, ni pleinement maîtrisables » [5]. Les autorités sanitaires compétentes déterminent, pour certains malades atteints d'affections particulièrement graves, le rapport bénéfice/risque acceptable pour tel médicament.

Encore faut-il désormais trouver les moyens d'un dédommagement des industriels, qu'ils demandent, leur permettant de fournir les produits, sans toutefois anticiper sur les procédures ultérieures qui conduiront, le cas échéant, à une prise en charge socialisée. En d'autres termes, éviter qu'une exigence éthique légitime ne conduise à financer les essais cliniques du

---

[5] *D. Tabuteau,* La sécurité sanitaire, *éd. Berger Levrault 1995.*

produit, et ne lui ouvre, sans aucun autre examen circonstancié, un remboursement à des prix imposés [6] et très élevés.

S'agissant de médicaments non encore définitivement agréés au plan sanitaire, l'industrie doit d'abord et bien évidemment participer à l'effort collectif (jusqu'à ces dernières années, la gratuité était même de règle en la matière). Des mécanismes de dédommagement et de compensation prévus pour aider à la mise sur le marché des médicaments orphelins pourraient également être développés : tel est le chemin que semble vouloir emprunter l'Europe, à la suite des Etats-Unis.

Les politiques de « bon usage du médicament » et de « maîtrise médicalisée des dépenses de soins »

Leur intérêt majeur est de réduire les gaspillages et mésusages du médicament et d'obtenir ainsi des marges de manœuvre pour le remboursement de médicaments innovants. L'encouragement au développement du marché et à la prescription du **générique**, en France par exemple, a le même objectif. De même que le passage (switch) de produits à **l'automédication**.

Au demeurant, les solutions adoptées pour **concilier progrès des traitements pharmaceutiques et capacités de financement limitées** paraissent convergentes sur les principes. Trois aspects méritent d'être relevés :

- la sélectivité croissante à l'entrée sur le marché des médicaments pris en charge, correspond à l'affirmation du rôle d'acheteur dévolu aux systèmes d'assurance maladie ; l'acheteur fait jouer la concurrence, et la concurrence peut jouer sur les prix ;
- le développement des politiques de demande, visant à déterminer les conditions de bon usage des médicaments et à faire connaître aux patients et aux prescripteurs le consensus scientifique sur l'utilisation des produits, appuyé sur le développement des politiques d'évaluation des thérapeutiques ; le cas échéant, cette « maîtrise médicalisée » des dépenses de soins peut être associée à l'établissement d'enveloppes financières — et constitue l'instrument déterminant de leur respect ;
- la réorientation des politiques d'offre, moins tournées vers l'encadrement administratif des conditions de vente des produits (prix) et qui tendent davantage à la détermination globale des prix, volumes et caractéristiques des produits pris en charge. Des relations d'un type

---

[6] *Voir en particulier les réactions suscitées par la mise à disposition des antiprotéases dans le traitement du Sida.*

nouveau sont souvent établies avec les entreprises, qui leur offrent un cadre plus souple et à plus long terme, quasi-contractuel. En témoigne en France l'institutionnalisation de la politique conventionnelle menée avec les laboratoires, permettant désormais une fixation contractuelle des prix.

Ces tendances générales à une régulation concertée des dépenses pharmaceutiques ne doivent cependant pas masquer que, sous la pression des déficits, les gouvernements adoptent encore des mesures de régulation unilatérales : baisse des prix autoritaires aux Pays-Bas et en Allemagne, déremboursements massifs et baisses de prix en Italie, prélèvement de 2,5 milliards de francs sur l'industrie pharmaceutique française en 1996.

Pour autant, il apparaît que **l'ensemble des acteurs du secteur pharmaceutique prend conscience de l'intérêt convergent à promouvoir une utilisation raisonnable des médicaments.**

Les industriels savent désormais que c'est la condition d'une admission au remboursement de molécules innovantes. Le Président du Syndicat National de l'Industrie Pharmaceutique en France plaide publiquement pour une juste prescription des produits, afin que les objectifs de maîtrise des dépenses d'assurance maladie puissent être respectés, et des mesures de redressement unilatérales évitées.

Quant aux **médecins et pharmaciens**, leur position est éminemment variable. Les médecins anglo-saxons, mieux formés à la thérapeutique, partie prenante des systèmes d'encadrement des dépenses d'assurance maladie et bénéficiaires de dispositifs d'aide à la prescription et d'informations fines sur leur propre pratique, semblent mieux sensibilisés au bon usage du médicament. La mutation culturelle du corps médical français est en cours. Des efforts conséquents sont entrepris depuis le début des années 90 pour la susciter et l'accompagner.

« Managed care » et régulation de l'assurance maladie

Les techniques de « managed care » américaines (cf. p. 81) sont-elles susceptibles d'inspirer une gestion de l'assurance maladie française [7] ? Si une transposition pure et simple ne saurait être envisagée, certaines procédures paraissent adaptables sinon déjà « adaptées » au système français, avec une démarche de **qualité et d'utilité** dans l'utilisation des produits.

Ainsi des **guides ou protocoles de prescription** (RMO) qui sont basés sur le développement de l'évaluation des pratiques médicales et de

[7] Un managed care à la française ? *E. Levy, V. G. Rodwin – chronique de la SEDEIS 1996.*

prescription. L'établissement de listes (« **formulaires** ») de médicaments prescriptibles était déjà de tradition en France. Le renforcement de la sélectivité à l'inscription et la nécessité d'une réévaluation périodique des produits en pratique médicale courante constituent cependant des orientations nouvelles qui rejoignent les préoccupations constantes des gestionnaires américains.

Quant à la mise à disposition des médecins **d'instruments d'information performants et d'aides à la prescription**, elle répond à un souci commun de promotion du bon usage du médicament. Enfin, la France s'engage dans la voie de la **coordination des soins** — caractéristique du « managed care » — en dotant chaque patient d'un carnet de soins et en promouvant des expériences de filières de soins.

Une convergence encore accrue pourrait-elle être envisagée ? Deux questions au moins méritent d'être posées.

■ Peut-on aller vers un **conventionnement personnalisé** des médecins avec l'assurance maladie, basé sur une appréciation de leur pratique professionnelle ? La substitution d'un contrat personnel à un conventionnement collectif automatique constituerait une mutation profonde et oppose les tenants d'une responsabilité collective de la profession médicale (notamment face à des engagements de maîtrise des dépenses de soins) à ceux d'un « agrément » délivré à titre personnel.

On notera qu'après l'ordonnance du 24 avril 1996, le conventionnement automatique du médecin (sauf opposition de sa part) est transformé en conventionnement volontaire nécessitant donc un acte positif d'adhésion.

■ Peut-on **décentraliser le niveau d'application** de la régulation du système d'assurance maladie qui fait l'objet d'une gestion nationale unique, déclinée le cas échéant au niveau régional ou local ? La plupart des instruments de « managed care » évoqués se prêteraient également à une mise en œuvre parallèle par d'autres payeurs, **assureurs complémentaires**. La Mutualité Française a, par exemple, déjà manifesté son intérêt pour des listes restreintes de médicaments recommandés, l'idée de coordination des soins, ou encore celle de contrats ad hoc avec des médecins qui échangeraient une « recommandation mutualiste » contre des engagements de pratique ou de prescription. D'aucuns, dans une proposition plus audacieuse ont pu évoquer l'idée d'une concurrence entre assureurs telle qu'elle est pratiquée aux Etats-Unis et organisée par exemple aux Pays-Bas. Celle-ci ne paraît pas à l'ordre du jour en France.

En revanche, la **régionalisation** des politiques de maîtrise des dépenses est inscrite en filigrane dans les ordonnances du 24 avril 1996 : possibilité d'enveloppes régionales, création d'unions régionales des caisses d'assurance maladie, des agences régionales de l'hospitalisation...

L'égal accès aux soins et aux médicaments

Le principe d'égal accès aux soins est constitutif, au moins en Europe, du pacte social qui conduit à mettre en place des systèmes d'assurance maladie dont les vertus redistributives sont évidentes : des personnes bien portantes vers les personnes malades, des personnes jeunes vers les personnes âgées en particulier.

Malgré la contrainte financière qui pèse sur l'assurance maladie, l'accès aux soins n'y paraît pas limité par la logique et les techniques de prise en charge [8]. Le problème semble lié davantage au développement d'une « nouvelle pauvreté » qui éloigne du système de soins, ou en fait un recours ultime.

Toutefois, au plan mondial, 15 % de la population consomment 80 % des médicaments vendus dans le monde. Qui, hors les nations riches, pourra s'offrir demain des molécules innovantes et onéreuses ?

Le cas du Sida est révélateur de cet enjeu social d'accès aux soins. Sur les 28 millions environ de personnes contaminées en vingt ans (étude ONUSIDA 1996), on en compte 19 millions en Afrique Subsaharienne et 5 millions en Asie du Sud et du Sud-Est. Comment ces populations auront-elles accès aux nouvelles thérapeutiques au coût de traitement élevé, voire prohibitif ? Devront-elles attendre que les brevets tombent dans le domaine public, pour avoir accès à des copies vendues au coût marginal [9] ? Pourquoi le paludisme n'est-il pas encore vaincu, si ce n'est faute de solvabilité des populations affectées, et donc faute de motivation financière des laboratoires pharmaceutiques à s'y intéresser ?

Certes, les industriels n'ont ni fonction économique, ni mandat de leurs actionnaires pour faire assaut de philanthropie. Mais indiscutablement, l'éthique, chère au monde pharmaceutique, est ici mise à mal.

Les organisations internationales (OMS...) ou humanitaires comblent de leur mieux les écarts entre pays développés et en développement. Mais leurs ressources sont insuffisantes au regard des besoins de redistribution.

Doit-on imaginer alors, naïvement, une configuration différente du marché mondial du médicament, où les patients des nations développées

---

[8] *Ce jugement vaut essentiellement pour l'Europe occidentale. Il doit être sérieusement tempéré pour les Etats-Unis où le système libéral de prise en charge laisse près de 40 millions d'américains sans couverture sociale. Et même pour les systèmes d'assurance maladie européens, les effets pervers possibles de certaines techniques de « responsabilisation des assurés sociaux » (ticket modérateur...) en termes d'accès aux soins ont été soulignés.*

[9] *Leur système de soins est-il de toute façon assez structuré pour permettre un accès efficace à ce type de traitements « lourds » ?*

accepteraient de financer par le prix d'achat des produits innovants, l'accès quasi gratuit des populations les plus pauvres aux mêmes traitements ? La dynamique économique mondiale mise en œuvre sous l'égide de l'Organisation Mondiale du Commerce souligne son irréalisme :

— le marché du médicament se mondialise, les intermédiaires avisés se multiplient ; en vendant quelques francs en Afrique un produit vendu à des prix bien plus élevés en Europe, le risque est évident de voir le produit africain aussitôt revendu sur les marchés européens, la différence étant récupérée par les acteurs de la filière commerciale, au détriment de la sécurité sanitaire et des marges de l'industriel exploitant.

— Plusieurs pays en voie de développement refusaient autrefois la brevetabilité des médicaments ou pratiquaient la licence obligatoire, confiant à des entreprises nationales la production d'innovations thérapeutiques, afin d'y avoir un accès rapide et à bas prix. Avec la généralisation de la protection par brevet, ces pratiques peuvent être — et sont — aujourd'hui juridiquement combattues. Par suite, la contrefaçon se développe, avec les risques connus quant à la qualité des productions et la sécurité des consommateurs.

Faut-il concevoir une mécanique de prix marginaux pour les pays les plus démunis ou de cession de licence à bas coût pour des producteurs locaux, assortie d'une interdiction des réexportations vigoureusement mise en œuvre ? Il serait sûrement paradoxal de légitimer ainsi davantage de réglementation économique, de nouvelles barrières douanières, des pouvoirs accrus confiés à des organismes internationaux, dans un secteur industriel qui revendique depuis longtemps une libéralisation des marchés. Mais n'y a-t-il pas paradoxe à vouloir concilier éthique et contraintes économiques ?

Bibliographie

Ouvrages

■ BERTHOD M., *La Santé en Europe* — Documentation Française. Une comparaison précise des systèmes de santé et d'assurance maladie en Europe.

■ BLONDEAU A., *Histoire des laboratoires pharmaceutiques en France et de leurs médicaments* — Le Cherche Midi. Bel ouvrage illustré sur la petite et la grande histoire de l'industrie du médicament.

■ BOUVENOT G., ESCHWEGE E., *Le médicament* — coll. Explora, Cité des Sciences et de l'Industrie, Pocket. Synthèse complète et illustrée sur le médicament, de la découverte à la mise sur le marché.

■ CAMPION G., *Clefs pour l'Europe du Médicament* — Editions de la Santé. Ouvrage récent (1996) et de référence sur les questions européennes.

■ CHEN W., *Comment Fleming n'a pas inventé la pénicilline* — éd. Synthélabo, coll. « Les empêcheurs de penser en rond ». Court essai sur la genèse et la réalité de la découverte d'un grand médicament.

■ COM-RUELLE L., DUMESNIL S., *La consommation de médicaments à l'hôpital* — CREDES 1995. Rapport d'analyse de la consommation pharmaceutique à l'hôpital, à partir de données de 1991/92.

■ DUPEYROUX J.-J., *Droit de la Sécurité Sociale* — Précis Dalloz. Manuel de référence.

■ GOT C., *La Santé* — Flammarion. Des réflexions souvent très stimulantes sur les politiques de santé.

■ HARBOUN C., *Le marketing pharmaceutique* — ESKA. Manuel à l'usage des professionnels de la promotion qui démontre l'efficacité des techniques utilisées.

■ LASZLO P., *La chimie nouvelle* — éd. Flammarion, coll. Dominos. Exposé clair et concis, invitant à la réflexion.

■ LECOMTE L., PARIS V., *La Consommation pharmaceutique en Europe,* 1992 — CREDES 1994. Etude comparative de référence ; une approche novatrice des comparaisons de prix des médicaments.

■ LEFUR P., SERMET C., *Les RMO, impact sur la prescription pharmaceutique* — CREDES 1996. Premier rapport détaillé sur l'efficacité d'un outil majeur de maîtrise médicalisée.

■ MEYER P., *La révolution des médicaments* — éd. Fayard. Si le diagnostic (de 1984) a vieilli, l'analyse scientifique et historique reste passionnante.

■ PIERRIN-LEPINARD S., ROSIER P., *Les enjeux du médicament générique en France* — Frison Roche. Publié en 1995, cet ouvrage fait de manière synthétique et complète le tour d'un dossier d'actualité.

■ PIGNARE P., *Ces drôles de médicaments* — éd. Synthélabo, coll. « Les empêcheurs de penser en rond ». A travers l'histoire vraie d'une équipe de recherche française, comment s'invente et se développe une famille de médicaments.

■ TABUTEAU D., *La Sécurité Sanitaire* — Berger Levrault. Premier ouvrage de synthèse sur le sujet.

■ TANTI-HARDOUIN N., *L'économie de la Santé* — A. Colin. Une analyse théorique très claire du marché de la santé et de ses mécanismes de régulation.

Rapports officiels

■ Comptes Nationaux de la Santé (annuels), Documentation Française (DF).

■ GIRARD Pr. J.-F. *Démographie médicale, Débouchés et réorientations,* Directeur Général de la Santé, Rapport au Ministre des Affaires Sociales 1991.

■ *Le développement des médicaments génériques,* Comité Economique du Médicament, Rapport au Ministre du Travail et des Affaires Sociales 1996.

■ DANGOUMAU Pr. J., BIOT J., *L'industrie pharmaceutique française,* Rapport au Ministre des Affaires Sociales et au Ministre de l'Industrie 1989.

■ Livre Blanc sur le système de santé et l'assurance Maladie, DF 1995.

■ Livre vert : les pharmaciens à l'horizon 2010, Ordre National des Pharmaciens, 1994.

■ WOLF A., *Les orphelins de la santé,* INSERM 1994.

■ *Mondialisation de l'industrie pharmaceutique,* OCDE 1994.

■ ARMOGATHE Pr. *Pour le développement de l'évaluation médicale,* Rapport au Ministre du Travail et des Affaires Sociales 1989.

■ Rapports d'activité (annuels), Agence du Médicament.

■ Rapport MAURIZE, Conseil Economique et Social 1985.

■ Rapport du Comité de concertation sur le médicament, Mutualité Française 1995.

■ *Santé 2010,* Commissariat Général au Plan — DF 1993.

■ *La Santé en France,* Haut Comité de Santé Publique — DF 1994.

Par ailleurs :

■ « Cahiers techniques du médicament », SNIP (Syndicat National de l'Industrie Pharmaceutique).

■ « Industrie pharmaceutique, ses réalités », SNIP 1996.

■ *Droit communautaire et médicament,* ouvrage collectif, collection Congrès et colloques, SNIP/John Libbey EUROTEXT.

Index

Dans la même collection

ARDANT Ph. : *Le Premier ministre en France.*
AVRIL P. et GICQUEL J. : *Le Conseil constitutionnel, 3ᵉ éd.*
BAUDOUIN J. : *Mort ou déclin du marxisme ?*
BUISSON J.-P., GIORGI D. : *La politique du médicament.*
BURDEAU F. : *La IIIᵉ République.*
CAILLOSSE J. : *Introduire au droit, 2ᵉ éd.*
CAMBY J.-P. : *Le financement de la vie politique en France.*
CAMBY J.-P. et SERVENT P. : *Le travail parlementaire sous la Vᵉ République, 2ᵉ éd.*
CAUTRUNES B. : *Est-Ouest : de l'affrontement à la coopération.*
CHARLOT M. : *Le Parti travailliste britannique.*
CHEVALLIER J. : *L'État de droit, 2ᵉ éd.*
CLAISSE A. et MEININGER M.-Ch. : *Fonctions publiques en Europe.*
COUFFIGNAL G. : *Le régime politique de l'Espagne.*
CROISAT M. : *Le fédéralisme dans les démocraties contemporaines, 2ᵉ éd.*
CROISAT M. et QUERMONNE J.–L. : *L'Europe et le fédéralisme.*
DEHOUSSE R. : *La Cour de Justice des Communautés européennes.*
DELPIT B. et SCHWARTZ M. : *Le système financier français.*
GASTINEL H. et BERNARD E. : *Les marchés boursiers dans le monde.*
GAXIE D. : *La démocratie représentative, 2ᵉ éd.*
GENTOT M. : *Les autorités administratives indépendantes, 2ᵉ éd.*
GILBERT G. et GUENGANT A. : *La fiscalité locale en question.*
GUILHAUDIS J.-F. : *L'Europe en transition.*
HIRSCH M. : *Les enjeux de la protection sociale, 2ᵉ éd.*
IHL O. : *Le vote.*
LE BRAS-CHOPARD A. : *La guerre. Théories et idéologies.*
LOCHAK D. : *La justice administrative, 2ᵉ éd.*
LOROT P., THUAL F. : *La géopolitique.*
LOUBET DEL BAYLE J.-L. : *La police. Approche socio-politique.*
MABILEAU A. : *Le système local en France, 2ᵉ éd.*
MAJONE G. : *La Communauté européenne : un Etat régulateur.*
MARIE J.-L. : *Agriculteurs et politique.*
MARTIN P. : *Les systèmes électoraux et les modes de scrutin.*
MÉNY Y. : *Le système politique français, 3ᵉ éd.*
MORABITO M. : *Le chef de l'Etat en France, 2ᵉ éd.*
MORVAN Y. et MARCHAND M.-J. : *L'intervention économique des régions.*
MOSCHONAS G. : *La social-démocratie de 1945 à nos jours.*
NEVEU E. : *Une société de communication ?*
OFFERLÉ M. : *Sociologie des groupes d'intérêt.*
PAPADOPOULOS Y. : *Complexité sociale et politiques publiques.*
PLASSERAUD Y. : *Les Etats baltes, 2ᵉ éd.*
PLASSERAUD Y. : *Les nouvelles démocraties d'Europe centrale.*

PORTELLI H. : *Le Parti socialiste.*

PORTIER Ph. : *Eglise et politique en France au XXe siècle.*

QUERMONNE J.-L. : *Le système politique de l'Union européenne, 2e éd.*

RÉMOND B. : *La Région, 2e éd.*

ROCHE J.-J. : *Le système international contemporain, 2e éd.*

ROCHE J.-J. : *Théories des relations internationales.*

ROUSSEAU D. : *La justice constitutionnelle en Europe, 2e éd.*

SADRAN P. : *Le système administratif français, 2e éd.*

SOUTY F. : *Le droit de la concurrence de l'Union européenne.*

STIRN B. : *Les libertés en questions.*

TOINET M.-F., KEMPF H. : *La présidence américaine, 2e éd.*

Montchrestien - E.J.A.
14, rue Pierre et Marie Curie, 75005 PARIS
Dépôt légal : Janvier 1997
N° d'éditeur : 1329

Imprimé en France. — JOUVE, 18, rue Saint-Denis, 75001 PARIS